U0052567

近代領航人物

人間天使
奧黛麗‧赫本

趙映雪　著

三民書局

打開每個人心中的「想像盒」

　　七十多年前，法國著名作家「安東尼·聖修伯里」寫過一本廣受歡迎並流傳至今的童話——《小王子》。書中那個好奇又好問的小男孩來自外星球，他純淨的心靈和真摯的感情，一直陪伴著我們地球上一代又一代人的成長。

　　作家聖修伯里曾經為小王子畫過一個可以讓綿羊居住的盒子。而作家自己也擁有一個珍寶盒，裡面收藏著老照片、舊信件和許多小玩意兒，他常常去翻弄這個盒子，想從中尋找創作的泉源。

　　三民書局的出版團隊也有這麼一個盛滿「想像」的大盒子，裡面匯集了編輯們經年累月的經驗、心得，以及來自作者、插畫家等的好主意和新點子。多年來，這個團隊不斷為小讀者們出版優秀的人物傳記、勵志叢書等。董事長劉振強先生認為這是出版人的使命，一個好傳統一定要延續下去，讓小讀者永遠有好書可讀，而且每一套書都要精益求精，各具特色。

　　因此，當我們開始構思下一套新書的方向，如何能夠既延續傳統，又能注入不同的角度和活力，呈現出一番新的面貌，便成為我們的首要考量。

　　編輯團隊圍坐在一起，慎重的打開我們的「想像盒」，希望從盒裡累積的智慧中汲取靈感。盒內的珍寶攤滿了桌面，眼前立即出現許多引導性的話語，大家一面仔細挑選，一面漸漸理出一個脈絡。

　　「書寫近代人物，更貼近小讀者的心靈。」

　　「介紹西方人物，增強小讀者對全球人物的興趣。」

　　「撰寫某個行業或某個領域中最有代表性的人物，他們的成就

對後世有重大影響，對小讀者有正面啟發作用。」

「多用說故事的方式寫作，以增加趣味性。」

「想像盒」就這樣奇妙的為我們搭起了一個框架，編輯團隊在這個架構中找到了方向，大家興奮的為新叢書定名為「近代領航人物」系列，並決定先從介紹西方人物入手。

框架既已穩固，該添進內容了。如何選取符合條件的撰寫對象，是編輯團隊的再次挑戰。我們又打開了「想像盒」……

「叮」的一聲，盒內跳出一個 "THINK" 的牌子，大家眼前一亮，「那不是 IBM 公司創始人湯姆士·華生的座右銘嗎？意思是要我們海闊天空的去想像，才能產生創意啊！」於是，話匣子打開了。

有人說：「我們每個人手裡都拿著手機，不需要長長的電話線連接，就能無遠弗屆的與人聯繫，但對有『無線電之父──馬可尼』之稱的這個聰明人，我們知道的並不多。」

有人說：「啊！有了，我們何不請最喜歡開飛機的聖修伯里帶大家到義大利去拜訪馬可尼呢？」

有人說：「馬可尼不是已經拍來電報，為我們安排好去巴黎看可可·香奈兒的時裝展示會了嗎？還要去倫敦聽約翰·藍儂的搖滾音樂演唱會哩！」

有人說：「我對時裝展示會沒有太大興趣，但是既然去了巴黎，我倒是很想去看看大文豪雨果筆下的聖母院，也許會碰見那個神祕的鐘樓怪人！」

有人說：「我希望去倫敦時，能走訪唐寧街十號，一睹英國第一位女首相，鐵娘子柴契爾夫人的丰采。」她輕輕咳嗽了一聲，接著說：「我的肺炎剛痊癒，是用了抗生素才治好的。聽說抗生素是英國

細菌學家弗萊明發現的，我也想順便彎去他在倫敦的實驗室參觀一下。」

有人附議：「那太好了，我可以在路邊書報攤買本英國大經濟學家凱因斯主編的《經濟期刊》來一讀。」

有人舉起手來，激動的說：「我原是個害羞沉默的人，自從去上了卡內基的人際關係課程後，才學到怎麼樣表達自己。我想說出我的心願，那就是去美國華盛頓的林肯紀念碑前，聆聽人權鬥士馬丁‧路德‧金恩博士精彩動人的演講〈我有一個夢想〉。再去附近的國會山莊，參加約翰‧甘迺迪的就職典禮，聽他充滿領袖魅力的經典名言，『不要問國家能為你做些什麼，要問你能為國家做些什麼。』」

有人跟著說：「我是環保和人道主義的支持者。既然我們到了美國，我想去緬因州，到環保使者瑞秋‧卡森收集海洋生物標本的海邊去走一走。也想去紐約的聯合國兒童基金會總部拜訪兒童親善大使奧黛麗‧赫本。這兩位心靈和外表都美麗的女士，一直是我最崇敬的偶像。」

看到大家點頭同意，他急忙追加：「啊，如果還能去洋基球場觀看棒球巨星貝比‧魯斯在球場啟用那天轟出的第一支全壘打，那我就太滿足了……」

編輯們彼此會心一笑，這是討論時常有的現象，抱著「想像盒」，天南地北，穿越時空。我們總嘗試以開放的思路，為「傳記」類型的叢書增添更多的新意。

這時一陣歡笑聲響起，原來是美國物理學家費曼為慶祝自己得到諾貝爾獎而開的派對。賓客中有許多知名之士，第一位登陸月球的太空人阿姆斯壯也在其中。聽說費曼正在調查挑戰者號太空梭故

障的原因，阿姆斯壯是他最好的太空顧問！費曼是位科學家，但他興趣廣泛，音樂、舞蹈樣樣精通。只見他隨著熱情洋溢的森巴舞曲，一面打著鼓，一面與現代舞創始人瑪莎‧葛蘭姆翩然起舞。

「別鬧了！費曼先生。」門口走進一位胖嘟嘟，面無表情的老頭，把大家嚇了一大跳！只見他拿起手上的擴音器說了一聲「卡」，啊啊，難道他就是那位驚悚片大導演希區考克？

他嚴肅的接著說：「受世人景仰的南非自由鬥士曼德拉先生剛剛辭世。請大家起立致敬。」

我們這趟「穿越之旅」中的二十位人物即將登場，希望他們的領航故事也能開啟小讀者心中的「想像盒」，將來或可成為另一個新領域中的領航人，傳承發揚人類的智慧和文明。

在此特別感謝為小讀者說故事的作者們，除了正文之外，他們都特別增寫了一篇數百字的「後記」，提綱挈領的道出各撰寫人物對世界的影響，提供小讀者更明確的閱讀指標。同樣也感謝繪製精彩畫面的插畫家們，為使圖文搭配相得益彰，不惜數易其稿。對編輯團隊能讓叢書順利的如期出版，我心存感激。對充滿使命感、長期為小讀者做出貢獻的三民書局，我致上最高的敬意。

對您，選擇讀這套叢書，我誠懇的說聲「謝謝」。有您的支持，讓我們有信心為小讀者打造更多優良讀物。

張燕風　　2013 年歲末寫於臺北

作者的話

　　奧黛麗‧赫本，一直就是我最喜愛的外國女星。愛上她，不是因為她在最年輕貌美時所拍，讓全世界驚見她也驚見羅馬的《羅馬假期》，而是她在三十四歲最成熟時期演出的歌舞片《窈窕淑女》。我不是一個太有耐心的人，看過的電影很少再回味第二次，但《窈窕淑女》卻是我的例外。

　　以前一個人，自己看；結婚後，帶老公看。女兒懂事以來，又引導她看。現在才十八歲的女兒，對於許多老片都興趣缺缺，唯獨此片不同。她不但看，還能對片中的「菜市場英文」朗朗上口。小時候每次我作勢要揍她，她就會誇張的學戲中賣花女的口音、語調和動作，大叫：“I'm a good girl, I am!” 她真心愛上這部片，沒事就慫恿朋友跟她看。她總是說：「只要一次，保證你就會喜歡這電影，跟我一樣！」

　　也因此，當三民交給我名單，要我從中選擇一位名人出來寫書時，我幾乎是毫不遲疑就挑了奧黛麗‧赫本，而且還很怕有人跟我搶。或許是三民找的作者都很年輕，非常意外居然會讓我爭取到這位人間天使。只是沒有人跟我搶，表示認識她的人已經不多了，這是多麼可惜的事啊！這也更讓我堅持一定要把奧黛麗‧赫本的故事寫出來，讓年輕一代的讀者認識這一位人美心更美的國際巨星。

　　其實嚴格說來，我也沒趕上奧黛麗‧赫本的年代。出生在 1929 年的她，比我爸爸還大了三歲，赫本頭流行時，受惠者應該是我媽媽和姑姑她們。所幸電影是永久流傳的，只要有兩個小時的時間，你可以挑部她的代表作出來看。然後，隨時歡迎你加入赫本迷的行列！

　　只是在我找來赫本的傳記讀過後，卻開始心疼起這位在銀幕前

永遠光鮮亮麗的大明星了。眾人視她為公主，但究竟有多少影迷真的理解她那不安的靈魂？有多少人知道她從小就不受到父親的關愛，六歲染上憂鬱症，十一歲開始生活在戰爭的陰影下？也難怪後來在愛情的追求上，她總是那麼急於想抓住一切。只是，緊抓的手，終究還是空的啊！

　　為赫本寫書，最大的挑戰在於資料繁多紛雜，偏偏大部分不是臺灣讀者會感興趣的細節。我過濾又過濾，重寫再重寫，沒錯，她的確是以美麗聞名世界，但在那絕世的容顏下，令她那麼受愛戴的，是她謙虛的個性、持續的奮鬥，和超乎常人的善心。

　　希望這本小書能先讓你認識這位已經逝去二十幾年的巨星，然後誘惑你去找幾部她的電影出來看。之後如果你能喜愛她，能從她的人生得到一些啟示，那麼我想奧黛麗‧赫本也會很高興擁有你這位粉絲的。

趙映雪

　　寫作、翻譯，是老天爺恩賜給趙映雪最好的工作，讓她每天的生活可以排成這樣：打網球、在茶香或咖啡香中創作、彈琴、陪女兒和老公說笑、在古典音樂裡讀書、睡覺。住在離海很近的地方，卻喜歡往大山裡去。二十幾年的作品包括：《美國老爸台灣媽》、《漫舞在風中》、《救命啊！第一次搭雲霄飛車》、《小黑兔》、《吉比與平平》、《奔向閃亮的日子》等等。

人間天使
奧黛麗‧赫本

CONTENT

奧黛麗・赫本

1929～1993

Audrey Hepburn

序 曲

　　奧黛麗・赫本？誰是奧黛麗・赫本？年輕的
讀者，也許你從沒聽過這名字，沒看過她的電影，
更別提見過她當模特兒的海報了。但是只要你隨
便問一位家中長輩，什麼叫做「赫本頭」，他們大
概都能唱作俱佳的告訴你，是一位到羅馬出訪的
長髮公主，心血來潮的去剪了一個俏麗短髮，結
果風靡了全世界。 你可能會問是哪一國的公主
呢？嗯，是奧黛麗・赫本這位永遠的公主，在《羅
馬假期》電影中的演出啦。

　　想看看她到底有多麼迷人，只要上網搜尋她
的名字：「奧黛麗・赫本」 或是 「Audrey
Hepburn」，電腦螢幕馬上就會跳出數不清的照片，
從黑白到彩色，從清純到華麗，從少女到成熟。

這些風姿綽約的劇照、海報，正訴說著她三十多年的演藝紀錄。看到這個濃眉大眼、散發靈氣的女孩後，你大概就能理解為什麼影迷會暱稱她是「落入人間的精靈」了。

也許因為在電影《羅馬假期》中，奧黛麗‧赫本飾演的是「落跑公主」，從她成名以後，幾乎每個觀眾都視她為純正的公主，一位來自歐洲小國丰采優雅的公主。

不只是喜愛她的影迷，連整日與大明星為伍，兩度獲得奧斯卡金像獎最佳導演的比利‧懷德都曾經震懾於她清新的容顏與獨樹一格的氣質，他說：「奧黛麗‧赫本的美完全是麗質天生，

純粹要看上帝是否要恩賜給一個人，那是一種有就有、沒有也學不來的特質。」

接下來他講了一句經典名句，從此被公認是對奧黛麗・赫本的最佳描述：「上帝親吻了奧黛麗・赫本的臉頰，然後她就出現在我們眼前了。」

被上帝吻過臉頰，就這樣出現在我們眼前的奧黛麗・赫本，究竟是如何與眾不同呢？只是外表的美麗嗎？當然不是，上帝的功力遠勝於此。

年輕的她，貌如天使，以無瑕的臉蛋、慧黠的笑容、不斷的努力，在銀幕上征服了全世界。

晚年的她，心如天使，以無私的奉獻、堅定的勇氣、真誠的關懷，在饑荒戰亂的國家贏得了全世界的尊敬。

漂亮的女人也許很多，甚至傾國傾城的美女也不在少數。

但是，上帝吻過臉頰的，只有一個奧黛麗・赫本。

01

一雙水汪汪 卻寂寞的大眼睛

「出生了！出生了！」九歲的亞勒山德興奮的對五歲的弟弟易恩這樣叫著。「真的是一個妹妹耶！」

亞勒山德以及易恩，和這個剛出生的小女孩，有同樣的媽媽，不同的爸爸。他們兩兄弟都出生在一次世界大戰後的荷屬東印度＊，是媽媽和第一個丈夫的孩子。弟弟易恩出生不久，媽媽就和他們的爸爸離婚，很快再嫁給現在的爸爸。亞勒山德本來很高興，以為會有新爸爸來陪他和

＊荷屬東印度：是指 1800 年至 1949 年荷蘭人所統治的印尼。二次世界大戰，荷蘭本土被德國占領以後，荷蘭宣布中止與當時最大貿易伙伴日本的貿易，觸發日本對印尼的侵略行為。二次世界大戰日本投降後，印尼馬上宣布獨立，但荷蘭政府想繼續奪回政權，展開了三年的印荷戰爭。直到 1949 年印尼才得以獨立。

弟弟玩，誰知道新爸爸一點也不喜歡小朋友，所以擁有新爸爸的喜悅，沒多久就消失了。

既然新爸爸沒能為平常生活增添樂趣，漸漸長大的兩兄弟就把所有的希望放在媽媽肚子裡這個小弟弟或小妹妹身上。

從媽媽離婚到結婚，從原來在荷屬東印度的家搬到比利時這個陌生的環境，他們看著媽媽的肚子一天天大起來，看著媽媽忍受暈船的不舒服，他們一心盼望會有個可愛的小妹妹加入這個新家。終於，搬到布魯塞爾不久後，在一個春暖花開的日子，如他們所願，一個漂亮的妹妹出生了。

這個家中第一個女孩子，要叫什麼名字才會與眾不同又響噹噹呢？新爸爸和媽媽正為此傷透腦筋。英國國籍的爸爸叫做約瑟夫・維克多・安東尼・羅斯頓，是個一表人才、風度翩翩的大帥哥。他在第一次世界大戰後加入英

國外交服務處，被派到當時荷屬東印度去
工作。在那兒，他與一個移民自歐洲的
富有女子結婚。

出生於荷蘭貴族家庭的媽媽叫
做艾拉‧梵‧辛斯特拉，貴族頭銜是
女男爵＊。艾拉從小在政治世家長大，父親從政，
母親努力把她培養成一位名媛淑女，讓她接受完
整教育，學習唱歌。若不是因為上流社會的背景，
使父母不願意讓她出去工作，艾拉其實最想成為
一名聲樂演唱者，但大約一百年前的歐洲，找個
如意郎君生下一大群孩子才是一個貴族少女最重
要的人生課題。

於是在她十九歲時，父母送給她一張頭等艙
船票，讓她到荷屬東印度去探親。五個月之後，
她就如父母所願，在當地順利釣到一名金龜婿。

＊**女男爵 (Baroness)**：Baron 是貴族中最末一等，翻譯為男爵。Baroness
是女性男爵，中文一般翻譯為女男爵。

可惜這段婚姻只維持了五年，艾拉生下了亞勒山德和易恩後，兩人便分道揚鑣了。

即使離了婚還帶著兩個男孩，但身為貴族的艾拉在這個荷蘭殖民地，身邊還是不乏追求者，約瑟夫就是其中一個。他看上了艾拉女男爵的頭銜和多金的身分，於是和自己太太離了婚，變成了艾拉的先生。

而這個剛出生的女孩，就是約瑟夫和艾拉兩人的第一個寶貝，也是家中第一名女孩子。約瑟夫和艾拉都希望給她一個響噹噹的大名，讓大家不需要問，一看名字就能嗅出她貴族血統的身分。

艾拉說：「可惜和你結婚，就得冠你的姓。要是能保留我自己的姓和爵位，讓這孩子可以繼承我的貴族名號該有多好！」

約瑟夫也同意的回答：「妳以為我喜歡這個一點都不特別的姓──羅斯頓嗎？羅斯頓聽起來平淡無味，像水一樣。如果我可以反過來冠妳的

姓，我一定這樣做。」

「你家難道就沒有比較有名的祖先嗎？」艾拉這樣問。

約瑟夫想了想：「聽說我祖母結婚前姓赫本，跟三百年前蘇格蘭女皇的第三任丈夫詹姆士‧赫本伯爵同姓。但我不確定他們有沒有血緣關係。」

「管他們有沒有血緣關係呢？」腦筋靈活的艾拉馬上接著說：「你可以去要求冠上你祖母的姓啊。赫本聽起來高貴多了，反正也沒有人知道我們這個赫本和皇家的赫本有沒有關連。」

「有道理，就這樣辦。」約瑟夫很開心太太想出了這麼聰明的一個方法，不但讓女兒擁有貴族名字，連自己也沾上皇家血統了。

爸爸媽媽商量後，先為這個剛出生的女兒命名為奧黛麗‧凱薩琳‧羅斯頓，在爸爸申請改姓為「赫本‧羅斯頓」後，她也就成了奧黛麗‧凱薩

琳・赫本・羅斯頓。也因為這個改名的舉動，這個出生在 1929 年 5 月 4 日的女孩長大開始拍電影後，才將自己的名字，縮短成為奧黛麗・赫本。

　　奧黛麗・赫本在比利時的法語區裡，慢慢的長大。她長得甜美可愛，一雙水汪汪的大眼睛閃閃動人，兩個哥哥都好疼這個妹妹。可是，爸爸天天在外面忙，似乎沒注意到女兒的存在。

　　「爸爸！」儘管爸爸經常忙得沒回家睡覺，但這個愛撒嬌的小女兒，只要看到爸爸走進門，就會伸出胖胖的小手臂對著爸爸叫：「抱抱！」

　　「爸爸才剛回來，妳就不能讓我休息一下嗎？」看起來很累的爸爸，連伸手拍拍她小腦袋都沒有。

　　「那我唱歌給你聽。」奧黛麗擺著姿勢，才要開始，就聽到爸爸回她：「別唱！別唱！爸爸想要安靜一下。」

　　「這是女兒昨天畫的小熊，你看是不是很厲害？」媽媽看到奧黛麗一臉失望，趕緊拿出她的

畫跟爸爸炫耀。

「妳們就不能不要來煩我嗎？」不知道爸爸是真的很累，還是懶得跟女兒玩，他吼著丟下這麼一句話，砰的一聲關上房門，自己進房間休息去了，留下了噙著眼淚的奧黛麗。

這幾乎是爸爸每一次的反應，每一次都這樣！爸爸都不肯抱她。

「媽媽，惜惜！」傷心的奧黛麗轉身想衝進媽媽的懷裡，希望媽媽疼疼她，抱抱她。但是從小也很少被父母親擁抱的艾拉，自己也不習慣抱抱，更不知道怎麼安慰這麼小的一個女兒。

「來，我教妳唱歌。」

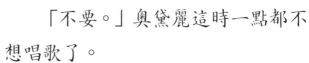

「不要。」奧黛麗這時一點都不想唱歌了。

「那我們來讀書。」

「不要。」奧黛麗也不想認字。

「妳這個小孩怎麼搞的，什麼都不要？個性怎麼那麼彆扭啊？將來哪

個人要娶一個這麼壞脾氣的女孩啊？」媽媽也生氣了：「妳給我站好，女孩子要站有站相，坐有坐相。妳這樣子，哪裡像個有教養的孩子？」

　　一旁的二哥插嘴說：「沒人娶妹妹，妹妹就留在家跟我們玩啊！」

　　媽媽聽了更罵得不可收拾，插嘴的兒子當然就一起被扯進來了：「我們大人忙的時候，小孩子就要安安靜靜的不要插嘴，要會看臉色嘛，你們這兩個做哥哥的，不會把妹妹帶走嗎？」

　　「走，」識相的大哥過來牽著奧黛麗，說：「大哥和二哥帶妳去玩。」

　　走出家門，二哥跟流著眼淚的妹妹說：「不要哭，二哥帶妳去爬樹。」

　　「耶！爬樹！」奧黛麗最討厭媽媽說什麼站有站相、坐有坐相那種話，一聽到二哥說爬樹，馬上就開心的笑起來。她最愛跟著哥哥跑到附近的山上，在媽媽看不到的地方，無拘無束的跑、

跳、丟石子，在樹枝上爬來繞去，大吼大叫。她一點都不想當一個媽媽希望她當的小淑女。媽媽總是買娃娃給她玩，要她學習好好當個乖女孩。可是她不喜歡假娃娃，她覺得要抱就要抱街上許多阿姨娃娃車裡的真娃娃。但每次只要她抱起那些可愛的小嬰兒來親親，媽媽就一直跟人家說對不起，再把她罵一頓。她只好跟大哥、二哥到山上來，看那些在樹間飛來飛去的小鳥，或是跟可以摟在懷裡、讓她摸、讓她疼的小貓、小狗玩。

　　雖然不常看到爸爸，媽媽管教也很嚴格，但這段全家人住在一起的珍貴時光，卻已經是奧黛麗一生中，家庭最圓滿的日子了。因為在她五歲時，有一天，大哥、二哥穿得整整齊齊，身旁堆著高高的行李箱站在家門口。她張著大眼睛，不知道這是要做什麼。媽媽跟她說：「奧黛麗，哥哥要出門去上學了。」

　　她覺得很奇怪：哥哥每天都上學啊，但是書

包從來都沒有這麼大。

　　二哥走過來摟著奧黛麗說：「大哥、二哥這次的上學不一樣，要住在學校裡，可能會很久才回家一次。」

　　大哥也講：「妳在家要乖乖，自己玩，聽媽媽的話。哥哥下次放假回來，」他給妹妹眨眨眼睛說：「再帶妳去爬樹。」

　　奧黛麗聽不太懂哥哥在說什麼，但是等到放學時間哥哥都沒回來，隔天早上醒來也沒看到哥哥，接連幾天家裡都沒有哥哥的身影，她才知道，原來不一樣了。從此，她只能自己一個人玩了。

　　她好想念哥哥。

　　哥哥不在家後，爸爸媽媽好像比以前更忙了。有時候，爸爸媽媽會邀一大群人到家裡來吃東西、喝酒，奧黛麗都被媽媽叮嚀要乖乖待在

房間，不要出來插嘴。有時候，爸爸媽媽兩個人
會穿上很好看的衣服，媽媽會戴上上頭有花的帽
子，脖子上還有亮晶晶的項鍊，一起出去吃飯。
他們講話的內容，奧黛麗大部分聽不懂，只有偶
爾，她會在爸媽回家後，聽得懂一、兩個字：

「我爸爸不太高興我們這樣花錢。」媽媽脫
掉高跟鞋時這樣對爸爸講。

「這一點錢，對他來說根本不算什麼，別那
麼小氣。」爸爸回答。

「你不能說他小氣，」媽媽一邊拿下耳環，
一邊低聲的說：「如果他拿你的錢去支持你的敵
人，你也會不太高興吧。」

「不然妳想怎樣？」爸爸不耐煩的大聲叫了
起來：「不過就一點錢嘛，跩什麼跩。」

媽媽看了奧黛麗一眼，跟爸爸說：「你就不能
小聲一點嗎？我跟著你辦活動，不但捐錢，還募
款來支持希特勒＊，變成我爸爸的政治敵人，我
爸爸能容忍我們到現在，你也該佩服他的氣度

吧。不就一點錢？這一點錢，可沒半分是我們自己賺的啊！你要知道，等到錢花光了，你再叫我去跟我爸爸要，他搞不好叫我們兩人都滾蛋。」

奧黛麗只聽得懂「錢」這個字，也知道他們兩個會越吵越大聲，她最好趕快乖乖跑進房間躲起來，免得挨罵。

她知道要乖乖，不要惹爸爸媽媽生氣，然而有一天，她還是看見媽媽坐在沙發上哭。

看媽媽哭得那麼傷心，奧黛麗心裡很害怕，不知道要怎麼辦。她走到媽媽旁邊坐下，說：「媽媽，抱抱！」

「抱抱，抱抱！妳就知道要抱抱，爸爸都不回來了，還抱抱！」

爸爸都不回來了！這是什麼意思呢？

她伸手去抱媽媽，可是媽媽沒有回抱她，只

*希特勒：是二次世界大戰前，法西斯主義擁護者德國納粹黨的領導人。他下令攻占鄰國，虐殺猶太人，引爆了二次世界大戰的歐洲戰場。奧黛麗的爸爸，是法西斯主義的忠誠支持者。

是一直哭、一直哭。從那天開始，媽媽的眼睛每天都紅紅的，爸爸也都沒有再回過家。奧黛麗好茫然、迷惑，不明白家裡到底發生什麼事。

直到有一天，媽媽跟她說：「奧黛麗，我跟爸爸商量好了，妳已經六歲，該上小學了。我們決定把妳送到英國去上小學，讓妳住在學校裡。」

英國？英國在哪裡？奧黛麗不知道，只曉得聽起來很嚴重。住在學校裡？跟哥哥一樣嗎？「我會跟大哥、二哥住在一起嗎？」

「不會。爸爸已經搬回他的國家英國去了。妳到英國的小學讀書，這樣我和爸爸要看妳都很方便。」

「妳也不要跟我住在一起了嗎？」奧黛麗很緊張的問。大哥、二哥搬走了，爸爸不見了，現在連媽媽都要離開她了嗎？

「我不要去。」奧黛麗哭著說。

「妳不能不去。媽媽跟爸爸已經決定不住在

一起了，媽媽要搬回荷蘭跟外公外婆住。可是我們都想看妳，所以把妳放在英國的小學裡，爸媽都會常常去看妳。」

「我跟妳回外公外婆家！」要自己住在沒有媽媽的地方？奧黛麗想起來就覺得害怕！

「不行，」媽媽斬釘截鐵的拒絕她：「外公不會讓爸爸到家裡來看妳的。」

「為什麼？為什麼我們跟爸爸不要住在一起了？為什麼爸爸不能到外公家來？」

「妳不要吵了，不要問了，反正說了妳也不會懂。」媽媽被問煩了，這樣跟奧黛麗說：「過幾天，我就帶妳去英國上學。」

就這樣，不管她怎麼哭、怎麼吵，都沒辦法改變她被送進英國住宿小學的決定。

那一天，奧黛麗踏上英國。英國的天空灰濛濛的，空氣中飄著雨水潮溼的味道。奧黛麗的小手緊緊拉著媽媽的大手，走進了一個陌生的地

方，裡面有兩個看起來很凶的大人。那兩個女老師拿走了她的行李，跟媽媽說：

「赫本‧羅斯頓太太，我們會好好照顧她，會讓她吃飽、穿暖，請妳放心回去吧。」

媽媽要放開奧黛麗的小手，她嚇得直抓住媽媽的大手，開始大哭了起來，「媽媽不要走！媽媽不要把我留在這裡！」

可是老師卻這樣跟媽媽說：「赫本‧羅斯頓太太，每個剛來的小朋友都會哭，尤其爸媽來看他們之後，哭得更厲害。如果可以的話，前半年請妳不要再來了，不然我們很難帶小孩。」

「媽媽，我要跟妳回去。媽媽，帶我一起回去。」奧黛麗歇斯底里的叫著。

但是，媽媽鬆開了她的手。

走了。

從那天起，奧黛麗每天都咬著指甲，看著窗外，希望看到爸爸或媽媽的身影，希望他們會出現，來把她帶回家。上課時，老師教數數字，她

沒心聽講；教英文字母，她也不想學。老師平常上課講的都不是奧黛麗從小使用的法語，而是她沒學過的英語，所以每當不想聽課時，她就把耳朵關起來，自己安靜的想念爸爸、媽媽和大哥、二哥。

等了很久，都等不到朝思暮想的家人，奧黛麗就拚命吃東西，一直吃、一直吃。吃到醫生說她得了憂鬱症，吃到老師終於通知媽媽來看她。

直到媽媽再來看過她後，奧黛麗不得不接受自己得住在學校這個無法改變的事實，開始願意學習。但她對所有課程仍然興趣缺缺，唯一讓她開心的課，就是芭蕾舞課。

02

戰火下的小花

　　漸漸的，奧黛麗接受了住校的生活，不過只是習慣，並不喜歡。媽媽之後就常常來看她，給她帶好吃的零食、漂亮的衣服。但為什麼她不能回家跟媽媽住一起呢？四年過去了，媽媽從沒好好跟她解釋。她好想念爸爸，但爸爸只來看過她三次，她真希望爸爸能來帶她回家。

　　結果上帝好像聽到了她的祈禱，有一天，爸爸居然出現在學校，而且是要來把她帶走的。這是真的嗎？她手舞足蹈的牽著爸爸的手走出了校門，毫不留念的和學校說再見。爸爸可以回外公家了嗎？

　　「爸爸，我們現在去哪裡？」奧黛麗緊緊抓著爸爸的手問他。

「到機場。」是爸爸簡短的回答。

機場！是了，奧黛麗心想，我們真的要回荷蘭找媽媽了。

到了機場，爸爸特別和她拍了一張照片。然後，在飛機起飛前，爸爸蹲了下來，跟她說：「奧黛麗，媽媽和我好不容易為妳搶到了這張機票，讓妳回荷蘭，回去找媽媽。妳現在上飛機吧。」

「你不跟我回家嗎？」奧黛麗看著爸爸這樣問。

沒想到爸爸搖搖頭：「英國已經捲入戰爭了，爸爸有工作要做。妳搭這班飛機回去荷蘭，那裡比較安全。」

「戰爭？英國什麼時候有戰爭？」一直住在學校的奧黛麗，並不知道英國已經在希特勒進攻波蘭＊後，對德國宣戰了。

＊**希特勒進攻波蘭**：1939 年 8 月 31 日希特勒派德軍入侵波蘭。9 月 3 日，英國正式向德國宣戰。二次世界大戰歐洲戰場開戰。

「戰爭馬上就會開打，妳趕快回荷蘭，這裡危險。」爸爸講。

「如果這裡危險，爸爸，那你跟我回去。」

「這裡需要我。」爸爸依然是一貫不露感情的說：「媽媽要妳回去，妳趕快上飛機吧。誰也不曉得下一班到荷蘭的飛機飛不飛得成？」

短短幾小時的碰面，又匆匆離開爸爸，雖然讓奧黛麗有點難過，但是，對於四年沒回家的奧黛麗，她終於能到外公家，和媽媽、二哥住在一起，日子彷彿又回到從前，奧黛麗好久沒這麼快樂了。唯一美中不足的是，大哥亞勒山德因為已經滿十八歲，當兵去了，沒能和他們團聚。

媽媽讓奧黛麗進小學讀五年級，還讓她繼續學芭蕾舞。從前住在比利時的時候，奧黛麗講的是法文；到了住宿學校，她學的是英文。現在回到了荷蘭，她只好又從頭開始學用荷蘭話。

十一歲生日那年，是奧黛麗很難

忘的一段時光。不只因為好久沒有在家人的祝福下，一起吃生日蛋糕了，加上生日才過不到幾天，媽媽神情緊張的跟她說：「奧黛麗，德國昨天占領荷蘭了。」

「什麼意思？」媽媽臉上的表情，讓奧黛麗想起爸爸送她到機場的那一天。

「因為爸爸是英國人，所以雖然妳住在荷蘭，但妳還是英國人。」媽媽停頓了一下：「現在住在荷蘭的英國人，都是德國軍隊會抓的對象。妳在學校、市場、外面，千萬別再講出一句英文了。」

「什麼？」奧黛麗學荷蘭話才學了半年多，要她完全用荷蘭話交談還是有些吃力的。

「我知道講英文對妳來說比較簡單，但寧願妳閉嘴不說話，也千萬別讓街上的德軍知道妳是英國人，知道嗎？萬一他們知道妳是英國人，把妳抓走，媽媽和外公可不知道要去哪裡把妳救回來。」

奧黛麗呆住了，「不能講英文！」「會被抓

走！」媽媽的每一句話，聽起來都那麼嚇人，那麼可怕。

「還有，」媽媽說：「妳暫時也不能用奧黛麗・凱薩琳・赫本・羅斯頓這個名字，這個名字太英國了。從現在開始，妳的新名字叫做艾達・梵・辛斯特拉，要記得喔！絕對要小心喔！」

在英國待了四年的奧黛麗，因為想念家人得了憂鬱症。回到荷蘭好不容易有了半年多的快樂日子，但現在只要離開家門，她就開始擔心，擔心講話時會不小心溜出英文，擔心路上的德軍會忽然把她抓走。她變得比以前更退卻、更沉默，更害怕去上學，更想要整天待在家裡就好。

可是，家裡好像也不像以前安全。因為外公是小鎮的鎮長，德軍把他當作第一波清算的對

象，經常莫名其妙就持槍闖進來。有一次，放在家裡的珠寶都被搶走了；還有一回，德軍來把外公的田契、房契都沒收了。

白天，家裡每個人都戰戰兢兢，不曉得接下來德軍又要來家裡拿走什麼。只有在晚上，在黑布把所有窗戶都遮住後，外公會要大家都在小收音機旁坐下。他大手轉著收音機上的指針，然後奧黛麗就會聽到這樣的廣播：

「這是荷蘭女王發出來的呼籲：我的荷蘭國民，你們一定要堅持下去，荷蘭不會一直被德國占領的。我雖然暫時來到英國，但是每天都在策劃如何能趕走在荷蘭的德軍，我需要你們的配合。你們不要被德軍恐嚇，請經常收聽這個頻道，我每天都會在此提供給大家真正正確的消息……」

這樣偷偷收聽來自英國的廣播，萬一被德軍抓到，外公是要被槍斃的。但是一生從政的外公一點都不怕，他只是叮嚀奧黛麗：

「我的小奧黛麗啊，外公派給妳一個很重要

的工作，妳做得到嗎？」
外公低沉冷靜的聲
音，讓奧黛麗頓時勇
敢了起來。她點點頭，
聽著外公繼續說：

　　「我們的女王為了解救我們，現在先躲到英
國安全的地方去了。她會告訴我們最新戰爭進
度，全世界的最新動態，所以晚上收聽這個小收
音機，是絕對必要的。可是，萬一白天德軍進來，
發現我們收音機的指針留在這個頻道，外公就會
被抓走。外公要給妳的工作是，每天聽完女王廣
播，妳都要來檢查外公有沒有把指針調開。聽懂
嗎？」

　　奧黛麗點點頭，她不要外公被抓走，所以她
沒有出過錯，總是很小心的將頻道調到古典音樂
臺。聽古典音樂，也是在這種緊張時刻，少數能
讓奧黛麗放鬆的享受。

　　學校自從換成德國政府管理後，課本都是在

歌頌德國有多好的刻板書，可是真正生活裡，她卻看著猶太同學、猶太老師和他們的家人被拆散，分在不同牛車上，一車車的被載走。她深怕這種事情，也會發生在她身上，本來就不愛上學的她，現在更全心全意專注在課後的芭蕾舞了。

學校的同學，都和奧黛麗一樣，是十三、四歲的女孩，也是德軍最寬鬆對待的一群。荷蘭反德國的組織，看到了德國這個守衛上的漏洞，經常會招募這群少女幫他們遞送重要訊息。在戰爭中逐漸長大、勇敢的奧黛麗，偶爾午餐袋裡也會藏著紙條，往指定地點去。

這一天，她帶著紙條走到森林外圍，遠遠的居然來了兩個德國士兵。她心跳加速、手腳冰冷，萬一被士兵搜出了紙條怎麼辦？學姐曾教她，如果被查到了，要堅決否認，說一定是有人偷偷把紙條塞進她午餐袋的。但是士兵會相信嗎？

離士兵越來越近了，奧黛麗看到了眼前滿地的小白花，急中生智的蹲了下來，摘了一大把花：

「午安，阿兵哥。」她主動跟那兩個士兵打招呼。

「小女孩啊，妳在這裡幹什麼呢？」兩個年輕的士兵看到眼前這一個天真無邪的小女孩，也笑咪咪的回答她。

「我摘花給媽媽插啊！」她刻意用最甜美、可愛的聲音說：「你們喜歡花嗎？這一把送給你們。」

士兵接過她手上的花，說：「謝謝妳囉，小女孩。不要跑進森林喔，天快黑了，容易迷路。」

「我知道，謝謝。再見！」

就這樣，奧黛麗逃過了一劫。

戰爭在荷蘭上空越演越烈，學校停課了，芭蕾教室也不幸的被炸毀，奧黛麗生活中最大的寄託，沒了。商店裡，肉蛋青菜、煤炭、油鹽糖、肥皂都不見蹤跡，幾乎每個人每天都處在挨餓的狀態下。奧黛麗十五歲了，正是最需要營養的時候，可是因為沒有夠多食物，使得她面黃肌瘦，

貧血氣喘。媽媽為了一家人的食物傷透腦筋，野地裡，只剩開過花的鬱金香球莖。

　　不過，吃不飽不只是他們一家人的問題。荷蘭政府在冬天來臨前，提供了這樣一份食譜：

鬱金香球莖「肉丸」*

材料：

一杯荷蘭斑豆（英文名為 Brown beans）

一杯鬱金香球莖

洋蔥（如果找得到的話）

咖哩替代品（如果找得到的話）

調味的鹽（如果找得到的話）

調味的墨角蘭（如果找得到的話）

油

步驟：

1. 將豆子和球莖煮熟。

---

*鬱金香球莖「肉丸」：愛試做美食的朋友，請千萬不要嘗試這道食譜。目前的鬱金香球莖品種繁多，而且球莖累積了多種除蟲劑，不再是可以吃的食物了。

2. 冷卻後將兩者混壓成泥。

3. 洋蔥與咖哩替代品一起油炒，加入球莖豆泥裡。

4. 以鹽和墨角蘭調味。

5. 將球莖豆泥揉成小球，以極少量的油烤成「肉丸」。

這份食譜對戰時缺乏物資的人們來說，彷彿及時雨。媽媽帶著奧黛麗去挖了很多鬱金香球莖回來，照著食譜的步驟，給家人烤了冒牌肉丸。每個人都拿了一顆放進嘴裡，媽媽問：「好不好吃？」

「好吃。」大家都這樣回答。只要能填進肚子裡的東西，都好吃。

「像不像肉丸？」媽媽又問。

「像，像極了。」然後大家就苦笑出來了。其實冒牌肉丸吃在嘴裡，比較像咬了一嘴潮溼的木屑。

有一天，連要摻在球莖裡的豆子也沒了，媽媽叫奧黛麗上街去買。戰爭到這時進行五年了，街上幾乎看不到年輕男子，因為都被德軍抓進勞工營了，奧黛麗的二哥易恩也不例外。走著走著，奧黛麗忽然聽到一個士兵在吼她，她轉頭一看，一把槍對著她：

「站到那邊去！」

士兵指的街角處，已經站了五個女孩子，在士兵的槍管下，呆站著，絲毫不敢亂動。她忽然懂了，沒有男生可以抓，現在連女生都要被抓進勞工營了。

天氣好冷，德國士兵放下槍，點了一根菸。奧黛麗一看，機不可失，頭也不回的拔腿就往商店後面蜿蜒的小巷弄跑。

　　她知道如果不用力跑，她的下場就會跟二哥一樣，從此和家人斷了音訊。她跑得上氣不接下氣，跑得不知自己身在何處。她一直跑、一直跑，直到確定後頭沒有追兵，才鑽進一棟被炸毀的房屋地窖裡躲起來。

　　躲了許久，疲憊的她在一片漆黑的地窖中睡著了。身子本來就虛弱的她，經過這一驚嚇和狂奔，開始發燒昏睡。就這樣，她在黑暗的地窖中昏昏醒醒，不知過了多久，咕嚕咕嚕叫的肚子終於逼得她不得不冒險的走出去。

　　等到外頭天黑了，奧黛麗才敢趁著夜色挑一條條的後巷、小路，慢慢找路回家。推開家門，媽媽大叫一聲衝過來，一把抱住她。

　　「奧黛麗，是妳嗎？是妳回來了嗎？」媽媽又哭又笑的朝裡面家人喊：「奧黛麗回來了，她沒死，回來了！」

　　這大概是媽媽抱她最激動的一次了。「媽媽以為妳被德軍抓走了！」媽媽歇斯底里的叫著：「媽媽以為妳死了！」

　　奧黛麗這時也回神哭了出來：「我也以為我會死！我也以為我再也見不到你們了！」

　　敵軍統治下的生活就是這樣。

　　家人只能感謝上帝：「回來就好！」

　　這個冬天，又冷又長，奧黛麗再也不敢出門。吃不飽、穿不暖的這家人，整個冬天圍在一起，睡在一起，靠彼此的體溫取暖。大家都沒力氣出門活動，只希望能藉著昏睡撐過這個漫漫長冬，祈禱不會在睡夢中，少掉任何一個家人。

　　幸好，寒冬盡頭，春天就不遠了。

　　1945 年春天，奧黛麗十六歲生日的那一天，她得到了一份最珍貴的生日禮物──荷蘭自由

了！統治了荷蘭五年的希特勒幾天前舉槍自殺，歐洲戰場的戰爭終於結束了！奧黛麗衝到門外，街上的卡車不再是德軍的，而是英國的。奧黛麗對著他們揮手，用英語對他們大叫：「嗨！我是英國人！」

一個士兵對她笑了笑，從車上丟給她香菸和巧克力。從此，香菸和巧克力對奧黛麗而言成了自由的味道，也是奧黛麗一輩子戒也戒不掉的兩個東西。

03
一個會走路的夢

　　恢復自由的狂喜過了之後，未來的人生目標也開始困擾著奧黛麗。

　　「媽媽，我可以專心學舞嗎？」

　　「妳不想回學校繼續上學嗎？」媽媽問她。

　　「學校從來都不是我喜歡的地方，」奧黛麗說：「我想要當一名職業舞者。可是，」她也猶豫了：「我們還有錢讓我學芭蕾舞嗎？」

　　「錢，我們一起想辦法。但妳一定要比別人更努力才行，妳知道，妳已經兩年沒練舞了。」

　　「我知道。」

　　為了學舞，媽媽和奧黛麗幾乎不放過任何一個可以賺錢的機會。可是戰後大家都窮，工作機會有限，媽媽找到的第一個工作是管家。

「什麼？妳去當管家？」奧黛麗聽到媽媽去應徵有錢人的管家後，嚇了一大跳。

「妳以為我做不了嗎？戰爭時，我不是幫外公管了一大家嗎？」

「喔，媽媽！」奧黛麗抱住媽媽，感動得眼淚一直滾下來。她太了解媽媽了，媽媽一直以身為貴族為榮，現在卻為了她，低聲下氣的要去當管家。

也因此，不管工作內容適不適合自己的個性，奧黛麗幾乎是有機會就去應徵。她打過各種零工，賣過仕女帽，也當過臨時模特兒。一天，她看到了荷蘭皇家航空公司為了拍攝一段介紹荷蘭風光的紀錄影片，徵求一名演員。儘管天性害羞，也不曾演過戲，為了芭蕾舞的學費，她還是硬著頭皮去應徵。

「對不起，」奧黛麗因為怕對方嫌她，一走進面試房間，就老老實實的先開口：

「我是來應徵演員的。不過，我沒有演戲經

驗，我只會跳芭蕾舞。」

　　她沒發現，從她走進門的那一剎那，這位導演的眼睛就亮了起來。他只看到她清純的外表、夢幻的說話氣質、貴族的姿態舉止，根本沒理會奧黛麗在說些什麼，立刻抓起電話撥給他助手說：「不用再找了！不用再找了！你看過『會走路的夢』嗎？我的夢中女主角出現了！」

　　就這樣，奧黛麗這個被形容成「會走路的夢」的女孩，成為《荷蘭七課》這部紀錄片的唯一角色。儘管她在劇中沒有一句臺詞，但拍攝完這部影片，導演對她十分滿意，非常希望能將她留在電影界。只可惜被戰爭蹂躪過的荷蘭這時還沒有太多資金支持電影業，奧黛麗領了酬勞就走了，根本沒想到《荷蘭七課》以後會在她眾多電影中，被視為她的第一部作品。

　　電影酬勞不多，奧黛麗得不斷尋找下一個賺錢的機會。一天，在荷蘭女王身旁工作的阿姨跟她說：「奧黛麗，我們女王年紀大了，打算退位，

年輕的公主將繼承王位。現在畫家要替新女王畫肖像，需要一名漂亮女孩當畫像模特兒。妳要不要去試試看？」

奧黛麗當然不會錯過這個機會，而且馬上就被錄取。皇室畫家對她驚為天人，欲罷不能的畫了大、小兩幅畫。他跟奧黛麗說：「赫本‧羅斯頓小姐，這幅小的，是皇家要我畫的。這幅大的，是我特別畫來送給妳的。」

「我可以收下嗎？真的嗎？」看到這麼華麗的一幅女王肖像畫，奧黛麗受寵若驚，「能當新女王的模特兒是我的榮幸，這幅畫，將來一定會成為我的傳家寶！非常謝謝您。」

當初，奧黛麗以這項工作為榮，卻萬萬沒想到幾年後，荷蘭女王可能反過來，以擁有超級巨星奧黛麗‧赫本當她的替身為榮呢！

終於，經過媽媽、自己努力的籌錢，以及外公的贊助，奧黛麗在媽媽的陪伴下，搬到了英國。這回不再如小時候被逼著到英國，而是為了圓

夢。她拜一位世界級的芭蕾舞者為師，每天花比別人更多的時間練舞。她夢想將來有一天，自己能站上倫敦、巴黎、紐約等大都市中最有名的舞臺，而且她會以第一女主角的身分，在每一場芭蕾舞劇中演出。

儘管有了學費，但生活費還是重重的壓在奧黛麗身上。有一個對她不錯的同學看她不跳舞時，疲於奔命在賺錢，就跟她說：

「我平常不練舞時，都在一個小劇場跳舞。我們正在徵求舞者，妳要不要來試試看？」

小劇場！奧黛麗知道同學口中的小劇場，其實專演通俗的歌舞劇。通常這種歌舞劇，臺上都會有很多穿著清涼的漂亮女孩在那裡走來走去，並不需要真正的舞者。

「妳不要擔心嘛，」同學在說服她：「去那邊只是為了賺錢，好讓我們能繼續在這裡學舞，又

不是叫妳放棄芭蕾舞。」

「好。」想著每一期的芭蕾舞學費，和倫敦不便宜的生活費，奧黛麗就這樣跟著同學到小劇場考試。幸運的，立即被安插在一齣叫做《高跟鞋》的歌舞劇演出。

每天，奧黛麗在大師的舞房辛勤的練舞，她的短期目標，就是甄試入選大師的世界芭蕾舞巡迴演出。她一遍又一遍的練習每一套舞步、每一個手勢、每一種表情，希望巡迴舞團裡能有她的名字。公布名單的那天終於到了，奧黛麗焦急的等待自己的名字從大師口中被念出來，但是，名字一個個過去，她沒有聽到奧黛麗‧赫本‧羅斯頓。

傷心欲絕的她上前去問大師原因。大師用很慈祥的口吻跟她解釋：「奧黛麗，妳是一名很有天分的舞者，也是一名很用功的舞者。」大師停頓了一下，繼續說：「但是，妳也知道，大戰時候妳有一、兩年沒練舞，然而那正是學習芭蕾舞的黃

金年齡，有很多舞蹈底子是得在那個年齡就先打下來的。」

她看到奧黛麗的臉色發白，知道這樣講對她打擊很大，便又換了一個方式跟她解釋：「當然，勤能補拙，妳的確也跳得非常好，也能擔任許多角色。不過妳也看到了，我們舞團中比妳高的男舞者並不多，我幾乎沒有辦法找到合適的男主角來跟妳搭配。」

儘管奧黛麗失望、難過，但是大戰後的環境，是沒有時間讓一個人慢慢療傷的。參加巡迴舞團的夢想落空後，奧黛麗得很快重新調整自己的心態。當不成一名傑出的芭蕾舞者，那教舞、設計舞曲，應該是她可以達成的目標吧？

為了新目標，她繼續學舞；為了學費，她持續在《高跟鞋》和接下來的《鞋靼醬》等通俗歌舞劇中演出。出乎她意料的是，她在歌舞劇中很受到歡迎，收入也穩定了下來。這裡小小

的成功讓奧黛麗心想，如果將來能參與高水準的舞臺劇表演，似乎也是條不錯的道路。有了新的選擇，十分上進的她馬上到學校修習肢體動作課。這是一個頗具知名度的學校，星探經常會到這裡來挖掘新人。一天，在學校時，有個陌生人走過來找她：

「妳好，我是《時尚》雜誌的攝影師。我在這裡觀察妳一陣子了，妳的外型與我們雜誌的風格非常搭配。請問妳願不願意當我的模特兒？」

奧黛麗以前也當過臨時模特兒，不過這次竟然是《時尚》雜誌！《時尚》雜誌可是英國的主流雜誌，奧黛麗真不敢相信自己的耳朵。

「真的嗎？」掩不住興奮的她直問對方和自己：「這是真的嗎？」

不久後，奧黛麗天使般的臉孔，登上《時尚》雜誌的封面。這麼漂亮的一位少女終於被看見了，當然，邀請信件就紛紛寄來了。

「電影《天堂笑語》想邀請妳演出，希望妳
能答應。」

「電影《野燕麥》中有個角色，希望能由妳
擔任。」

電影的邀約開始慢慢寄到她的地址，於是她
出現在《少婦故事》、《橫財過眼》以及《雙姝豔》
等多部英國電影中。儘管擔任的都是臺詞不多的
小角色，但她卻因此踏進了影藝圈。

其中一齣電影《蒙特卡羅寶寶》 *，雖然沒
能讓奧黛麗大紅大紫起來，卻是她生命的轉捩
點，因為在這裡，她遇到了改變她一生的貴人。

那是個陽光普照的日子，她在蒙特卡羅海邊
拍攝一段需要跳舞的片段，有位女士一直在不遠
處看著她。女士站在那裡許久，不可置信的望著
拍片中活潑的奧黛麗，心想：「這是我的琪琪嗎？

＊蒙特卡羅寶寶：這部電影有英、法語兩個版本，英文的 Monte Carlo
　Baby，中文翻譯為《蒙特卡羅寶寶》，法文版 Nous irons à Monte-Carlo，
　中文翻譯為《前進蒙特卡羅》。

這會是我找了兩年的琪琪嗎?」

　　原來這位女士不是普通人物,而是法國國寶級女作家科萊特。科萊特以描寫不符合當代傳統的情愛著名,她的知名小說《金粉世家》的女主角琪琪是位個性俏皮的野丫頭,不願意被有錢的家人塑造成有身分地位的窈窕淑女。這樣的題材在今天也許不新鮮了,但在六十年前的巴黎,卻是首創對上流社會的諷刺。《金粉世家》在法國早已拍成電影,並計劃在美國改編成百老匯舞臺劇演出,可是科萊特花了兩年的時間,苦尋不著符合她書中女主角,擁有法國氣質的女演員。

　　而眼前這位青春洋溢、用一雙長腿在跳舞的美女,不正是活脫脫從她小說中走出來的琪琪嗎?

　　拍戲中的奧黛麗當然不會知道,她的人生馬上就要大轉彎了。那天她拍攝結束後回到旅館房間,有人來敲了門:

　　「請問妳是赫本‧羅斯頓小姐嗎?」

「是的，我就是。」

他拿出了一張科萊特的簽名照，解釋說：「我的老闆要我將這封信交給妳。」

奧黛麗看到照片上寫著：「送給奧黛麗──一個我在海邊挖掘到的寶藏」。

接下來的故事發展，就像穿上玻璃鞋的灰姑娘一樣，接受了科萊特試鏡後的奧黛麗，從此閃亮耀眼了起來。她不但很快成為美國紐約百老匯舞臺劇《金粉世家》的女主角，更被《羅馬假期》的劇組相中，演出了這部令她一夕爆紅的電影。

04

上帝親吻了她臉頰

　　科萊特、琪琪、紐約百老匯，這些以前奧黛麗只能在報紙上讀到的名稱和報導，竟然一夕之間來到她身邊，而且正伸手在邀請她。這是真的嗎？

　　「我做得到嗎？媽媽。」除了小學住在學校那四年，奧黛麗從來沒有離開過媽媽，她第一個就找媽媽商量。

　　「當然，」媽媽不可置信的聽完這個天上掉下來的機會：「妳當然做得到。百老匯演員，最主要就是要能唱能跳。妳本來就遺傳了我的歌喉，跳舞又是妳的專業，這怎麼難得了妳？」

　　「可是，媽媽，」奧黛麗用有點害怕的聲調說：「他們只願意提供我一張船票，讓我自己一個人到紐約。我沒有自己一個人生活過，我可以

嗎？」

「一定可以的。妳這段時間拍片跑來跑去，我也不是每次都能跟著妳，妳已經長大了，很多事情都是妳自己處理的，不是嗎？」

除了媽媽，這時二十歲的奧黛麗，身旁還有另外一個人需要溝通。他叫詹姆士‧漢森，是她的男朋友，大她八歲，英國有錢人家的富二代，能力很強，經營家族事業。他們兩個交往的程度，已經論及婚嫁了。

「詹姆士，你覺得我應該到紐約去闖闖看嗎？」

想到女朋友要到紐約，要離開自己到那麼遠的地方，詹姆士當然想說不。可是，他了解奧黛麗，她一直希望能靠自己能力，讓用金錢資助她的外公、用行動支持她的媽媽，能為她高興，以她為榮。

「這是妳的目標、妳的機運、妳的夢想，我當然贊成妳去試啊。」詹姆士很有風範的鼓勵她。

「但是，我們討論到一半的婚禮怎麼辦？我如果去紐約，就不可能如期結婚了。」奧黛麗這時的心情十分複雜。未知的紐約，有著她無法預期的未來，可能金光閃爍，也可能鎩羽而歸。而倫敦，有媽媽、有男朋友、有安全感。但是，這邊，她的事業卻看不到前景。

「誰說的？」詹姆士安慰她：「妳到紐約去，努力的演好琪琪這個角色。等到公演結束，就回來結婚。妳安心的演出，不會影響到我們的計畫。」

於是，帶著媽媽和男友的鼓勵，手上握著一張船票，奧黛麗勇敢的說：「紐約，我來了！」

這時的奧黛麗，還是一個平凡的大女孩。她和每個第一次出國的人一樣，在船上既興奮又緊張，既期待又害怕。在船要駛進紐約的前一晚，她一夜不敢閉上眼睛，深怕錯過以前只能從電影或雜誌上看到的，那座矗立在港口、舉世聞名的

自由女神像。

　　雖然科萊特認定奧黛麗是她等待已久的琪琪，但是導演可沒這麼大的信心。他眼裡看到的，是一個完全沒有舞臺劇經驗的新人。她在通俗歌舞劇《高跟鞋》或《鞳鞳醬》中，擔任花瓶般的角色，是只要長得漂亮、隨便踏踏舞步就可以上臺演出的。但百老匯秀可不是這麼簡單的。

　　他嚴格的跟奧黛麗說明：「『琪琪』是《金粉世家》的靈魂人物，女主角生動，這部戲就成功；女主角如果有任何差錯，這齣舞臺劇也跟著完蛋。妳的臺詞多，舞步繁複，所以首先，我們必須先訓練妳的肺活量。」

　　「肺活量？」奧黛麗有點疑惑，這是她沒想過的地方。

　　「我們的舞臺劇推出後，一週有六場表演，每場兩個小時，我可不希望我的女主角跳一段舞後，就喘得不能講話。」

　　「是的，當然。」

「而且，我們的劇場很大，妳的每句臺詞，不管是激動的、溫柔的，就算只是一聲嘆息，都要能清清楚楚傳送到最後一排觀眾的耳朵裡。」

「我明白，導演。」

「妳記憶力好嗎？」導演又這樣問。

「嗯？」

「舞臺劇是現場表演，可不能暫停或重來。妳的臺詞將會有很多，一定要花時間，把每一句話都背熟。」

「是，我會的。」

其實奧黛麗這時心中一片茫然，她沒有舞臺劇經驗，導演提的每件事，都是她沒有仔細考慮過的。她很擔心自己做不到，但又很想證明自己可以。

「離開演只有六週時間，我會安排給妳上各種課程，請妳努力。」

不久後，課程表出來了。她需要上的課，除了導演提過的體能訓練增加肺活量，還包括發音

矯正、語調修飾、肢體表演、表情練習、舞蹈、走臺步、舞臺化妝等等。看著一長串的課程,奧黛麗幾乎呆住了。

「怎麼了?」一名和媽媽年齡相近的演員走過來問她。

「妳看,這是我在開演前得上完的課。」

「是的,」這位資深演員看過課表後告訴她:「這些課我們大部分人都上過,是每一個正規訓練出來的演員都要修習的,妳不用擔心。」

「可是我只有六個禮拜的時間,怎麼熟悉得了這麼多的細節啊。」

「六個禮拜?」資深演員問她:「妳是說導演要妳六週後就演出?這些課我們大概都是花了兩年時間才上完的。」

「兩年?」

「六週?」

這下子奧黛麗更驚恐了。「我要是做不到的話,『琪琪』這角色,就不是我的了。」

這位資深演員拍拍她手背，開始安慰眼前這個看起來驚慌失措的新人。「不用怕，妳還年輕，潛力無限，一定做得到的。更何況，我們大家都會幫妳，不會像妳想像的那麼嚇人的。」

奧黛麗便開始了像旋轉中的陀螺一樣的紐約生活。她神經緊繃的記住每一堂課老師教她的知識，回家不停的練習。她對著鏡子修正自己的腔調，在沒什麼家具的公寓裡，重複踏著複雜的臺步。體能訓練課讓她每天精疲力竭，可是她也覺得自己像塊海綿一樣，不斷的吸收再吸收，進步又進步。

只是，她後來發現，上課還算是最簡單的。《金粉世家》的彩排時間終於到了，因為演出檔期已經排定，導演壓力很重，不太有耐心教戲，脾氣暴躁。

「奧黛麗，發音，注意妳的發音，沒有人聽得懂妳在講什麼！」導演的話如同一把鋒利的刀，第一刀就插向她。

「位置，妳的位置不對。站那裡會擋到左邊的那個人。」

「放鬆，不要硬邦邦的，妳緊張觀眾會看得出來的。」

「音量，我坐在這裡都聽不到妳的聲音了，妳叫後面的觀眾怎麼看得下去？」

似乎，她的每一個動作都是錯的，每一次張口都招來導演的責罵。

「離演出只剩三個禮拜了，不可能了！」導演天天都這樣大吼大叫：「算了，算了，換人！去叫替補的演員上來！」

每天晚上，當奧黛麗拖著疲憊的步伐回到公寓後，就趴在床上大哭一場。她真想打電話跟媽媽訴苦，可是越洋電話費那麼貴，她沒有本錢抓著話筒盡情哭泣。詹姆士呢？要是詹姆士可以陪在她身邊，該有多好！她要不要放棄算了？她何不回到英國去，照原來計畫嫁給詹姆士，安

安穩穩地過著少奶奶的日子？

　　可是，站上舞臺一直是她的夢。芭蕾舞也好，歌舞劇也行，舞臺正中央，第一女主角一直是她努力的方向。她才二十出頭，才正要爭取自己的事業，難道被導演罵兩句她就退縮了嗎？她是一個那麼輕易就被打敗的人嗎？

　　奧黛麗每天都掙扎在撐下去與放棄的矛盾之中。她哭泣、她憂鬱，但她也鼓舞自己、說服自己。小學一年級時，她不也一個人到人生地不熟的環境去了嗎？那時候沒有爸爸也沒有媽媽，她不是撐過來了嗎？難道二十歲的她，還比不上五歲的她？

　　這股追尋夢想的動力，每天支撐著她面對導演的嚴格要求。

　　終於，在幾番被開除又叫回的情況下，奧黛麗撐到了試演會。每一門課的教練都說以一個新人而言，她的表現可圈可點，其他演員也毫不吝惜的指導她細節，帶領她入戲。她很想聽導演的

話，輕輕鬆鬆放開來演好琪琪，可是嚴厲的導演
只要一叫囂，她就嚇得人又緊繃起來。

「發音，發音，怎麼快兩個月了，連幾句話
都講不清楚啊！」導演在試演會上又衝著她吼：
「妳、妳，給我滾蛋！妳不棄演，我棄演了！」

他對著其他演員叫：「我要不然賠錢停掉這
場演出，要不然就找替補演員上場吧！」

「導演，你就讓奧黛麗演出一場試試看吧！
真的不行，再做打算！」幾位資深演員在替奧黛
麗求情。

還好有這些緩頰的聲音，奧黛麗才有了正式
首演的機會。

首演安排在週六晚上，奧黛麗的表現，並沒
有奇蹟似的變完美。緊張忘詞的情況果真發生
了，還好她機智的把劇情拉回來；她的演技雖得
到同事肯定，可是新人無可避免的會出現許多僵
硬動作，劇評家會體諒她嗎？導演、教練、同事，
當然還有她自己，每個人的心都七上八下，坐立

難安的在等待星期一刊登在報紙雜誌上的劇評。

結果——

「奧黛麗·赫本彷如一塊璞玉，值得更多好劇本來琢磨！」

「赫本小姐天真、聰明，能為舞臺劇注入一股清流！」

奧黛麗的努力被劇評家肯定了！

她的眼淚、血汗都值得了！

當然，負面的報導也夾雜在七篇喝采聲中。

「年輕的赫本小姐，演出深度不夠，內涵不足！」

還好就這麼一篇。

所幸，導演最在乎的觀眾，幾乎一面倒的愛上了這位清新的新人。她渾身散發靈氣，尤其一雙靈活的大眼睛，叫大家又愛又疼。終於，導演解除了對她的不信任，《金粉世家》的廣告改以奧黛麗·赫本為主打。

　　觀眾為了欣賞這位可愛的大女孩一波波的湧入劇場，最後，這齣舞臺劇連演了兩百一十九場，最後為配合奧黛麗電影《羅馬假期》的片約檔期，才圓滿成功的鞠躬閉幕。歷經這兩百多場的現場磨練，奧黛麗也從一隻劇場的醜小鴨，蛻變成最美麗的天鵝，之後再沒有任何一個導演敢對她的表演缺乏信心，更別說敢開除她了。

　　然而──

　　成功的背後，也附帶著一些即刻的犧牲。

　　伴隨舞臺劇的成功而來的，是更緊的行程，更多的邀請。她不僅沒有時間舉辦婚禮，要當好一名太太更是不可能了。她為耀眼的成功所付出的第一個代價，就是忍痛與男朋友詹姆士取消婚約。

　　「一旦結婚，我希望我是一個能夠陪伴在先生旁邊打點一切的好太太，陪著他出去談生意，當他最好的助手。」她跟詹姆士這樣講。

　　「再來，我要為他生下一群可愛的孩子，每

天把孩子打扮得像小天使，在家煮好晚餐等著爸爸回家吃飯。」

詹姆士問：「現在不行了嗎？」

「目前做不到了。」奧黛麗說：「我沒想到我會這麼順暢的走上電影這條路，我的工作將讓我不能每天回家，不能陪你去生意場所，不能好好照顧你。」

「所以我們只能分手嗎？」詹姆士問。

「我們好聚好散，還是好朋友。」

「就這樣？」

「就這樣。」

沒有人能說這樣的抉擇是對，還是錯。奧黛麗在影壇上的確成了巨星，她所追求的事業成就非凡。但她的婚姻一路跌跌撞撞，連簡單家庭生活的幸福都掌握不到。而被她放手的詹姆士事業成功，後來幾乎變成英國首富，與太太恩愛牽手過了一生。

結束了《金粉世家》的演出，恢復「單身」

的奧黛麗，回到了歐洲拍攝《羅馬假期》。這部電影的故事很簡單，一個小國公主出訪歐洲，但她厭倦了充滿繁文縟節的親善訪問和記者會，來到羅馬後想偷偷跑出去看看真實的世界。御醫擔心她睡不好，特別幫她在上床前打了一針鎮定劑，誰知道在藥效發揮前，公主還是溜走了。

偷溜到街上的公主，體力不支就那樣睡在大街上。一名來自美國的記者好心地收留她，隔天早上才赫然發現這個睡在他家的大女孩原來是落跑公主。

為搶這獨家新聞，他帶她遊遍羅馬，還安排攝影師一路跟拍，希望發個圖文並茂的大頭條。可是一天下來，記者和公主產生了情愫。第二天，識大體的公主決定回去履行義務，而這位美國記者為保護公主，也放棄了這份讓自己賭贏主編的獨家報導，默默的在記者會的臺下祝福她。

也許是奧黛麗優雅的氣質太適合公主的角色，又或許是這塊璞玉的光芒終究是藏不住了，

《羅馬假期》上演後佳評如潮，奧黛麗一炮而紅，贏得了紐約影評人協會、英國電影電視藝術學院、金球獎以及奧斯卡金像獎最佳女主角等大獎。

　　第一部擔任女主角的電影，就獲得了這麼多殊榮，奧黛麗其實是擔憂多於開心的。她害怕以後的電影再也得不到這樣的讚賞，也憂心大家喜愛的只是她美麗公主的形象，而忽略了她的演技。她上臺領取奧斯卡金像獎最佳女主角獎時說了這句話：「這感覺就像有人為妳穿上一件太大的衣服，妳必須努力趕快長大好讓衣服合身。」

　　可聽出她心中的壓力是非常大的。

　　從此奧黛麗不斷鞭策自己「努力長大」，希望以不同類型的電影來證明自己的演技，讓奧斯卡那件華麗大衣快點合身。

05

向前走

　　《羅馬假期》後，觀眾太喜愛奧黛麗古典又調皮的公主形象，片商投觀眾所好，送上來的邀約，都是能讓她在片中大展華服與美麗的角色。她拍攝了《龍鳳配》，這是一部類似灰姑娘變王妃的浪漫愛情故事，觀眾十分捧場，陶醉在她不食人間煙火的美貌裡。這個演出，雖然讓她第二次獲得了奧斯卡金像獎最佳女主角的提名，但因角色沒有突破，最後未能得獎。

　　想要「努力長大」的奧黛麗，希望能再一次證明自己的演技，便在這時接演了非常具有挑戰性的舞臺劇——《美人魚》*。

＊美人魚 (Ondine)：除翻譯成《美人魚》外，亦有翻譯成《翁蒂娜》。

　　《美人魚》是一部富有哲思的戲劇，情節不太吸引人，但有許多幕，女主角必須藉由不多、不大的動作，讓觀眾看出她的空靈、她的矛盾。雖然不再有一個不信任她的導演逼得她神經緊繃，可是這回她自我要求更高，不容許自己在舞臺上的表演有任何差錯。

　　她在《美人魚》中的表演得到了劇評家一致的讚賞，認為是她撐起了整齣《美人魚》的成功，讓這部戲免於流為無聊、空洞。也因此，她第二度參與的舞臺演出，沒有令她失望，為她贏得了舞臺劇的最高榮耀——東尼獎最佳女主角。

　　可是，在這種自己加諸給自己巨大的壓力下，奧黛麗每天抽的菸越來越多，體重直線下降，情緒也越來越不穩定。最後，在醫生的命令下，《美人魚》只演了一百五十七場，就提早閉幕，好讓奧黛麗飛到瑞士休息養病。

　　雖然奧黛麗幾個月前和詹姆士決定好聚好散，但媽媽艾拉內心是相當捨不得的。詹姆士是

媽媽早已認定的乘龍快婿，只是女兒為了演藝事業，不得不放手，媽媽也只能尊重。沒想到，分手不到一年，在瑞士修養的奧黛麗，居然跟媽媽提出要結婚，而且對象是梅爾・法拉，一個已經有點過氣的演員、導演兼製片。

「女兒，妳開玩笑的吧？妳為了事業拒絕了那麼完美的詹姆士，卻馬上要接受梅爾？」

「我為事業拒絕詹姆士，是因為我沒辦法當一個隨時陪在他身邊的好太太。」奧黛麗回答。

「但妳能陪在梅爾身邊？」

「梅爾是圈內人，我們接片時會設法儘量在對方附近拍片。事實上，近一年來，他都陪在我身邊，為我選擇好劇本，帶我出入高水準俱樂部，打入主流演藝圈，讓前輩接受我。」

「他不是有太太嗎？」

「離婚了。」

「兩度離婚。這樣好嗎？而且他大了妳十二歲啊。」

「年齡不是問題。」

「如果妳是在問我意見，我不同意。他不是還有兩個孩子嗎？」媽媽並不喜歡梅爾，她強烈懷疑梅爾接近奧黛麗的動機。

「媽媽，」奧黛麗一直是個乖女兒，不曾頂嘴，但這回為了愛情，她卻這樣頂撞媽媽：「妳別忘了，當初妳也有兩個孩子，爸爸不是也娶妳了嗎？」

這句話，像把刀似的刺進了媽媽的心。她不能跟女兒說明，爸爸是為了錢娶媽媽。而現在就算她直說，梅爾娶她是為了她的名氣，女兒會相信嗎？不但不會，恐怕還要跟她大吵一架。

既然反對無效，她也只好祝福心愛的女兒。

奧黛麗就這樣，在大紅大紫、剛踏入影藝界不久，就走進了她嚮往的婚姻。所幸，觀眾都太愛她了，她的已婚的身分，並沒影響到她接片，電影邀約依然如

雪片般不斷飛進來。她回絕了大部分的邀請，卻從經紀人準備要退回的一疊信件中，撈出了《甜姐兒》這部片邀約。

經紀人說：「別接這部片了，劇情平淡無奇，片中還要討論文學，不會有太多觀眾想看的。」

「可是，我看這是一部歌舞片啊。」奧黛麗拿起劇本開始讀了起來。

「就是歌舞片，才更要幫妳退回去。妳想想看，男主角是號稱好萊塢一代舞王的佛雷・亞斯坦，妳要跟他配舞，得花多少時間練習啊。」

佛雷・亞斯坦！佛雷・亞斯坦比奧黛麗大了三十歲，是學舞的奧黛麗，從小崇拜的偶像。

「我要，我要演這部片！」

「別傻了，奧黛麗，」經紀人說：「他年紀那麼大了，你們兩個一起演愛情片，老少配，誰要看啊？」

「能跟一代舞王共舞，是我從小的願望。」奧黛麗已經看見自己和佛雷・亞斯坦牽手共舞的

畫面了！「我一定會努力把這部片演得具說服力的。」

「而且這是『歌』舞片喔，」經紀人繼續勸她：「妳不但要練舞，還要練唱，很辛苦的。片酬又不高！」

「沒關係，我不在乎酬勞，」奧黛麗說：「我樂意練唱，更樂意再學跳舞！」

為了《甜姐兒》，奧黛麗付出很多心血，她學習發聲、練唱，要將歌曲錄到完美。第一次見到舞王要和他配舞時，她忘記自己已經是比佛雷‧亞斯坦更紅的明星，反而像個小影迷一般緊張得手足無措，深怕自己荒廢許久的笨腳跟不上舞王的舞步。

奧黛麗的用心導演看見了，他讓她盡情的一展舞姿，而且採用她原音歌曲，讓觀眾不只見識到她舞蹈的功力，還聽見她歌唱的才華；片中大量模特兒般的鏡頭，更讓時尚界對她發出驚嘆。

影評家十分肯定奧黛麗，認為是她的努力，

讓這一部情節不太精彩、原本不被看好的電影，成為一部備受讚揚的歌舞名片。

奧黛麗一心想要改變戲路，不願意一直靠漂亮臉蛋征服影迷，於是她接下來，接了一部完全沒有華服，連臉蛋幾乎都得遮蓋起來的《修女傳》。

《修女傳》是部根據真人真事改編的小說，描寫二次世界大戰期間，一名比利時修女璐克半生的際遇與掙扎。璐克修女小時候進入修道院學習成為修女，求學時進入醫學院研讀護士。

畢業後，她被派到非洲剛果照顧痲瘋病人，卻因一位無神論醫生，引發她思考在絕對遵守上帝誡律與執行護士職責的衝突。回到比利時後，這衝突繼續困擾著她，直到父親在救護病人時被德國納粹炸死，她才毅然決然的要求還俗，擺脫修女絕對緘默、服從與克制的教條，回來當一個可以有喜怒哀樂、能自主的、真實的人。

為了演活片中的角色，奧黛麗有半年時間天天拜訪故事的真正主角，跟她學習修女說話、走

路的樣子，聆聽她們禱告、思考時的內心聲音，還有體驗那種絕對服從的壓抑心理。她在嚴冬裡入住沒有暖氣的修道院，親身感受修女的苦行生活。

這部片子的拍攝過程讓奧黛麗吃足苦頭，她的足跡深入非洲剛果、痲瘋院、精神病院，剛開始曾因水土不服、嚴重脫水而引發腎結石，嚴重威脅到她原本就虛弱的身子。不僅是身體上的折騰，戲中璐克的爸爸被德軍炸死的情節，也逼得她痛苦的回想起二次世界大戰納粹德軍在荷蘭的暴行。

但是，身體、精神的挑戰，只會讓奧黛麗更加的堅強，她的人生觀也隨著這部作品在改變。她曾說：「經歷這部片子後，我的內心變得飽滿。」走過非洲大地，「一些曾經對我而言很重要的東西，現在都已微不足道。」

「我的心，安詳而寧靜。」

從對非洲的陌生、恐懼、不適應，到融入、

愛上那片未開發的土地以及生活在其中的那些純樸的人，她藉著這部電影真正的認識了非洲。三十年後她會接受聯合國的邀請，成為兒童基金會親善大使，想必是早已在此時埋下那顆愛的種子。

《修女傳》上映後得到了奧斯卡金像獎的八項提名，包括最佳女主角的獎項，只是那年的奧斯卡出現勁敵，最終《修女傳》的八項提名全數落空，沒能捧回任何一座獎盃。

大獎的肯定固然是所有工作人員及演員追求的目標，但是獎項的多少卻不能真正拿來評量一部電影的好壞。以奧黛麗所付出的心血來看，一尊小金人也沒能奪下的《修女傳》，才是最感動她、最讓她成長、令她最自豪的作品。

奧黛麗另一部受矚目的電影，是拍完即成經典的歌舞片《窈窕淑女》。這是一部非常有趣的電影。敘述有個自大狂妄的語音學教授和一名同行打賭，說他可以藉由發音的矯正、用字遣詞的提

升、說話語調的改變和走路儀態的訓練，將任何一個舉止低俗的菜市場賣花女，在六個月內，改造到讓皇家貴族以為她是出身名流的千金小姐。

賭局開始，教授從菜市場把賣花女帶回家，先叫女傭幫她把髒兮兮的身體搓乾淨，給她換上乾淨的衣服，再開始進行他緊鑼密鼓的課程。

教授十分嚴格，一字一句的指導她發音，逼她使用高水準的字彙，訓練她的步伐，教她用餐禮儀，幾乎用沒有人性的方法在對待賣花女，就是為了贏得這場賭局。六個月後，教授給了賣花女最高品味的禮服和飾品，帶著她出席宴會，果然所有賓客都為這位神祕佳人大為傾心，甚至有專家從她複雜的語音中猜測，她可能是歐洲某國的公主。

贏了這場賭局的教授得意洋洋的在同行面前自

吹自擂，完全無視賣花女這半年來的努力和成長，氣得賣花女甩門而去。而教授這才驚慌的發現，原來他已經在不知不覺中，愛上這個可愛的賣花女了……

　　為了演好蕭伯納筆下出身貧窮的賣花女，這年三十三歲的奧黛麗不僅再度重拾舞鞋、練習歌唱，還必須和語音學專家學習市井小民粗俗的發音、用字。她曾經在《甜姐兒》又唱又跳，所以她也相信，只要她用心練唱，導演一樣會採用她真實的歌聲。

　　沒想到，電影出來了，臺詞部分的確是奧黛麗講的，她誇張、粗糙的「菜市場英文」十分逗趣，每個觀眾聽了都會莞爾一笑。但是話一說完，卻馬上變成字正腔圓的歌唱，菜市場味道全部不見。

　　「這是怎麼一回事呢？」她氣呼呼的問經紀人。「我錄的歌呢？哪裡去了？」

「我事先也不知道，導演都沒講啊！」

「原來他根本對我沒信心。」奧黛麗很氣餒的說：「他難道沒看見我那麼認真在練唱、在錄音嗎？他讓我相信會用我的原音，卻偷偷在找專業歌者。」

經紀人安撫她：「也許他認為歌舞劇中，每一首歌都要唱到完美。」

「可是《窈窕淑女》不一樣啊，這部電影的重點是，要把咬字不標準、講話粗俗的賣花女，改造成窈窕淑女。如果她一開始歌聲裡的發音就完美了，不是很奇怪嗎？我可以理解他擔心我唱不好，但他至少也應該要求這位歌者前面那幾首歌的發音必須配合劇中賣花女的低俗腔調啊！」

「他可能以為觀眾在乎的是沒有缺點、聲樂家的音質，而不在乎說話和歌聲的一致性。」

奧黛麗花那麼多心血在詮釋這個與她過往優

雅公主形象有天壤之別的角色，沒料到導演從開始就不敢下那麼大的賭注，他一直雙管齊下的在準備。他一方面要奧黛麗錄製每一首歌，卻同時也請了美音歌者錄好所有的歌等著。而在電影上演前的最後關頭，他決定抽掉奧黛麗的原音，使用職業女歌者的版本。

這個決定令奧黛麗十分失望、氣餒，但是導演已經做出這樣的搭配，她再生氣也無濟於事。

隔年，奧斯卡金像獎的評審，用提名放大了導演的錯誤。《窈窕淑女》榮獲奧斯卡金像獎的十二項提名，大獎中唯一漏掉的，就是最佳女主角獎，因為評審認為，導演並沒讓女主角有「唱」作俱佳的機會。

《修女傳》雖然讓奧黛麗吃足苦頭，但所有電影中最嚴苛考驗她演技的，是她在三十八歲時拍攝的驚悚片《盲女驚魂記》。這部片子的場景幾乎只在一棟房子裡，不再有麻雀變鳳凰般不切實際的浪漫劇情與華服、精湛的炫技舞姿，或是原

始的非洲風景。

　　奧黛麗飾演一名家裡遭三名暴徒入侵的盲眼家庭主婦。一開始壞人騙她是她先生的朋友，後來露出破綻後，便開始攻擊這名盲女。

　　奧黛麗在整齣戲中，必須用很細微的臉部表情變化、驚恐又壓抑的肢體語言、機智又神經緊繃的反擊以及後來歇斯底里的奮戰和絕望，來讓觀眾看到一個看不見的人，對外在的信任與恐慌、依賴與獨立、無助與自助。

　　奧黛麗大膽爭取這樣的演出，對個人及習慣她公主扮相的觀眾而言，都是一大挑戰及突破。她徹底拋開美女包袱，蛻變成一個令導演、同事及影迷都敬佩不已的實力派明星。《盲女驚魂記》不意外的讓她第五度入圍金像獎、第八度入圍金球獎最佳女主角的提名。

06

牽手，放手

　　從幾十年前到現在，好萊塢明星的婚姻史，好像一直在上演著俊男美女的浪漫婚禮，然後再黯然離婚這樣的戲碼。當然每個人在結婚時，追求的都是一份永恆的愛情；但是，到了真正的柴米油鹽，婚姻卻不是那麼容易維持的。

　　和詹姆士分手，卻又不聽媽媽、朋友的勸，很快嫁給梅爾，奧黛麗嚮往的是能夠住在一起的兩個人，生一群孩子，養幾條狗，讓家裡熱熱鬧鬧、充滿笑聲。這份期望一點也不難達成，但想來辛酸，因為這正是童年的奧黛麗每天等待，卻要不到的幸福。

　　只是，嫁給梅爾後，她很快就發現了，大她十二歲的梅爾，並不是因為愛而娶她。剛開始，

她知道朋友私下都議論紛紛：

「妳覺得梅爾追求奧黛麗，是因為愛她嗎？」一個朋友這樣懷疑。

「大家都說他在利用奧黛麗，」另一個朋友也說：「妳看，因為有奧黛麗，他才能當上《美人魚》的男主角，也才能在《戰爭與和平》中爭取到一個大角色。」

「對啊，不然他都過氣了，那些導演要不是因為奧黛麗的緣故，怎麼肯用他？」

「他根本就挾持奧黛麗當他的籌碼，」第三個人說：「他在排演《美人魚》時大牌得很，每天都有很多意見，跟導演大吵大鬧，把排戲氣氛搞得很僵，弄得奧黛麗很不好意思。」

奧黛麗的朋友並沒渲染這件事，排演《美人魚》時，奧黛麗的確因為梅爾的態度感到十分困擾，也因此發誓，以後不再參與舞臺劇的演出，所以《金粉世家》、《美人魚》，成了她唯二的舞臺劇作品。但是她同時也強調，梅爾想跟她拍同一

部戲，純粹是為了照顧她，好讓兩個人可以住在同一個地方。

後來，在奧黛麗攀登事業巔峰時，關於他們的八卦新聞從不間斷：

「奧黛麗老公——梅爾！帶著年輕辣妹上夜店！」

這種時候，奧黛麗都力挺老公。「那只是對演戲有興趣的新人想請他幫忙踏入影壇，大家不要捕風捉影！」

「奧黛麗和戲中男主角傳出緋聞！」小報頭條也經常出現這樣的標題。

梅爾當然也會澄清：「這是電影宣傳手段，請別信以為真！」

可是這種負面新聞層出不窮，大家相信無風不起浪，他們兩人的形象因此都受到了影響。影迷對於他們婚姻能維持多久，越來越不看好了。

還好在結婚六年，經歷了幾度流產之後，奧黛麗盼望小孩的夢想終於成真，生下了兒子西

恩‧法拉！她欣喜欲狂，強烈想暫時息影留在家裡，專心當個好媽媽。

可是梅爾不贊成。「妳可以帶著孩子去拍片啊，我會給妳請保姆的，不用擔心。」

「我為什麼不能休息幾年，留在家照顧兒子呢？」

「妳的影迷那麼喜歡妳，妳怎麼能說退就退呢？」梅爾這樣堅持。「看妳在哪裡拍戲，我就在附近工作，這樣我們一家三口就可以住在一起了。」

奧黛麗沒有再爭辯，她知道，他們家花費太大了，需要她繼續去賺錢。態度不佳、人緣不好的梅爾，如果不透過她的關係，已經接不到什麼片子了。奧黛麗在這方面是個十分傳統的太太，顧及先生的自尊心，她不能點破這點。

她必須工作。

就這樣，從此她拍戲都帶著西恩，一直到他上學為止。

可是，一個從開始就有其他目的的婚姻，維持起來分外辛苦。經過了十四年的努力，奧黛麗實在累了，而梅爾被看成是個凡事依賴大明星太太的人，面子越來越掛不住，兩人終於對外宣布離婚。

大家都以為奧黛麗自由了，可以照著自己的性情過日子了，沒想到放手才兩個月，她竟又閃電結婚。她的第二任先生安德烈‧多提，出身義大利貴族家庭，職業是心理醫生。

有人勸奧黛麗：「安德烈比妳小了九歲，這樣好嗎？」

「安德烈說他從小就是我的影迷，還曾等在馬路旁跟我握過手。他說他一直喜歡我，年齡對他來講，根本不是問題。」陷入熱戀的奧黛麗這樣反駁。

「可是他在義大利根本是個花花公子，風流倜儻、花名在外，妳不怕他很快又喜新厭舊嗎？」家人、朋友都為她擔心。

「之前他單身，換女朋友沒什麼大不了的。何況他是貴族，又富有，女孩子主動追他也是稀鬆平常的事。等我們結婚後，我會退出影壇，陪在他身旁，一切都會沒事的，請不用替我擔心。」

既然奧黛麗這樣表示，家人、朋友只好二度祝福她。

而婚後的奧黛麗，的確用行動顯示決心，她在演完《盲女驚魂記》後毅然決然的息影，在義大利的家當全職家庭主婦。為了醫生老公，她與他一起去上醫學課程，聽醫學演講，好讓自己有足夠的知識陪老公參加醫生朋友間的聚會；她接送小孩上學，親手打點三餐，要讓老公感受到家庭溫暖。而且雖然已經四十高齡，出乎她意料，她居然又懷孕了。這回她不須趕拍任何電影，在家專心待產，生下了第二個兒子，盧卡・多提。

奧黛麗努力營造美滿家庭，愛護奧黛麗的人，都希望她的二度婚姻可以長長久久。只是義大利的治

HoLiday

安很差，不斷有人放話要綁架她的兩個兒子，沒
想到真的動手時，卻是以安德烈為目標。一天晚
上，他差點在自己診所前被架走。

　　在安全不斷受到威脅的情況下，擔憂孩子與
先生安危的奧黛麗心力交瘁，不得不帶著兩個孩
子搬回瑞士。但是留在義大利工作的安德烈卻沒
為此低調下來，反而持續被小報新聞捕捉到與年
輕辣妹在一起的親密照片，讓奧黛麗非常的傷
心、難堪。漸漸的，奧黛麗復出拍片，兩人開始
各過各的生活。她和安德烈在結婚十一年後，終
究還是以分手結束。

　　無關牽手、放手，奧黛麗從影期間走入她生
命的男人不少，有的只是短暫的幾週，有的則成
了一輩子的朋友。而其中最令人稱羨的友情，是
她和服裝設計師紀梵希之間的友誼。奧黛麗和紀
梵希相識在電影《龍鳳配》的拍攝時。那時奧黛
麗尚未得到奧斯卡最佳女主角獎，還是個小咖明
星。那個年代，女星流行的是冶豔、狂野之美，

華服要加上墊肩才有氣勢，內衣要塞進棉花才顯得女人味十足，但是，紀梵希在她身上看見了與眾不同的氣質。他們兩人都同意平胸、細腰、長腿是奧黛麗的特質，不需要隨波逐流把她改造成性感尤物。

從《龍鳳配》裡讓她醜小鴨變天鵝的深灰色套裙、《甜姐兒》的黑色褲裝配白襪，到《第凡內早餐》那剪裁合身的黑色洋裝，這一對設計師與模特兒，不斷的以黑白雙色創造出清新脫俗之美。

不只服裝，紀梵希也在認識奧黛麗五年之後，為她調配出一款名為「禁忌」的專屬香水。這瓶香水以奧黛麗的優雅、浪漫為主打廣告，賣得極好，但是奧黛麗從未跟紀梵希收取版權費或廣告費，甚至一直自掏腰包買來使用。

她的第一任先生梅爾和經紀人都曾不高興的催促奧黛麗收取代言費，但在奧黛麗心中，紀梵希是懂她至深的朋友，不是生意伙伴，堅持這是

朋友之間的互相支持。而紀梵希也以同樣態度回報，不只為她設計電影戲服，連她第二次結婚的禮服、兒子受洗時她所穿的袍子、年老時身上的風衣，都出自他的手中。

他們兩人的友誼超越金錢、超越男女情愛，維持了四十幾年。紀梵希與她一路相伴，甚至擔任後來為她抬靈柩的六名男人之一。這護靈的六個男人，包含她兩個兒子、兩個前夫、她生命中最後一名知音羅伯特・沃爾德斯，以及紀梵希。

牽手，放手。許多好萊塢影星可能不在乎分分合合，但對一個只是希望一家人能住在一起，享受簡單幸福的奧黛麗而言，好好牽手竟然如此之難。兩度婚姻後，奧黛麗對結婚不再抱持希望，選擇與她晚年的男伴羅伯特・沃爾德斯，終身以朋友姿態共同走過最平凡卻也最幸福的十幾年。

最動人的身影

　　奧黛麗和羅伯特認識於第二度婚姻即將破滅前。羅伯特和奧黛麗有類似的背景，小時候在荷蘭長大，也曾經是名演員，但娶了大他二十五歲的明星太太後，就幾乎退出影壇，專心輔佐太太的事業，與太太婚姻美滿。和奧黛麗相遇時，他們兩人對著啤酒一起哭泣，一個為剛過世不久的太太悲傷不已，另一個為自己不幸的兩段婚姻感到絕望。

　　也許是彼此惺惺相惜，也許是像奧黛麗說的，終於找到她的靈魂伴侶，奧黛麗在人生幾番起起伏伏後，總算遇到一個不再是只看到她的美麗、金錢或名聲，而是真正愛她、一切為她著想的人。奧黛麗在羅伯特的陪伴下，整個人積極了

起來，她不再眷戀電影事業，兩人攜手開始尋找更有意義的另一種生活。

奧黛麗有位非常好的朋友，在聯合國兒童基金會擔任了二十年的親善大使，不幸在奧黛麗五十八歲這年過世。奧黛麗參加哀悼會後不久，收到了一封來自這個基金會的信，詢問她是不是願意接替好友的任務，到基金會來擔任親善大使。

「你覺得這會是我們一直在尋求的更有意義的生活嗎？」奧黛麗問羅伯特。

「妳認為在這個人生階段，妳要追求的是什麼？」羅伯特反問她。

「這幾十年來，我得到的太多，該是我去回饋的時候了。」

「聯合國兒童基金會，」羅伯特再問她：「是能讓妳回饋的地方嗎？」

奧黛麗想了想：「二次世界大戰末期，我不知道你記不記得，在荷蘭，

幾乎什麼吃的都沒有了，只剩豆子和鬱金香球莖。我餓得營養不良、貧血黃疸。還好戰後有這個基金會的接濟，讓我免於挨餓、貧困。」

「妳願意做到何種程度的付出呢？」羅伯特再提問題。

「讓我說個小故事給你聽，」奧黛麗提起了一段在納粹德國統治下的往事：「你、我都經歷過戰爭，戰爭的殘酷，我們都不願意再想起。但是，戰亂下，往往能激發最美麗的人性。還記得大戰快結束的那個冬天嗎？那時我們全家被迫遷到城外一個小屋子住，才發現附近有一棟房子，竟然是德軍囚禁英國戰俘的地方。其中一名英軍少校，找到了房子的一個祕密小櫃子，躲了進去，幾天沒吃沒喝後趁德軍不注意逃了出來。」

「然後呢？」

「那時我們家三餐不繼，」奧黛麗回答：「可是媽媽一直偷偷藏著一些咖啡、茶、香檳，是打

算自由後要用來慶祝的。我們自己快餓死時，媽媽都沒將這些珍藏品拿出來，可是當她發現那名少校逃出來時，卻一點都沒猶豫，就把這些好東西裝在漂亮的竹籃裡送去給他。」

「哇！」

「我說這個小故事的用意是，媽媽一直用行動在教我：『要把別人擺第一，自己放在他人之後。即使自己幾乎一無所有，一定還有可以幫助別人的地方。』所以，你問我願意做到何種程度的付出？我若去做，我就會百分之百的付出。」

「如果接下這個工作，」羅伯特又提出另一個問題：「妳可能得經常到戰亂下、衛生環境極差的第三世界*去，妳受得了嗎？願意嗎？」

奧黛麗回他：「這問題我的確也想過。多年前，我到剛果去拍《修女傳》時，一開始也很害

---

*第三世界：在早期所指涉的是一些在政治、經濟、社會等現代化進程中，屬於比較落後的國家或地區。近現代為發展中國家的通俗名稱。如亞洲、非洲、中南美洲等部分國家。

怕，不但水不敢喝，廁所也不敢上，結果惹出腎結石來。其實，一陣子後，這些都可以適應。那邊的人是如此的真誠、無欲，他們要的不多，只是簡單的活下去而已。文明世界都把那片大地糟蹋了，我們應該喚醒大家去關心他們。」

「看來，妳已經有答案了，不需要我提供意見。」羅伯特告訴她：「妳就去認真的擔任親善大使吧。一切雜事，我會為妳打點。」

基金會邀請明星、名人擔任親善大使，最大目的是希望藉由他們的知名度，吸引更多人來參加募款大會，讓全世界看到饑荒、戰爭仍在席捲第三世界，鼓勵更多人力、金錢投入來幫助那些脆弱的生命。

雖然一直在影藝圈工作，但天生害羞的奧黛麗，對於大使最主要的工作——演講，一開始顯得相當手足無措，結果她以最誠心的方法克服了

這問題。大部分明星演講時都照著基金會提供的稿子念。奧黛麗決定不這樣做。她要求自己真正了解需要她幫助的國家，所以總是認真研讀災區的歷史紀錄、地理環境，深入了解引起戰爭的原因，或是造成當地乾旱或水災的因素。

之後她親自寫演講稿，因為所有稿子出自她手中，她的演講真誠、震撼、深具說服力，能感動每位聽演講的人，而且她自己也漸漸跨越內心的恐懼，留在臺上，從容的回答觀眾提出的問題。

接手一週後，她便在羅伯特的陪伴下出使衣索比亞。在離開影壇五、六年之後，她相當感動的發現，原來還有那麼多人、那麼多媒體記得她，讓她更真正相信自己在世界各處還具有一定的影響力。從此，只要有益於基金會的活動，她都全力配合。

這時期的她，卸下明星光

環，出門輕裝便鞋，而為了募款必須以禮服出現的場合，她只佩戴儉約大方的珠寶，自己燙衣服、做頭髮、化妝，其餘的公事、雜事則交由羅伯特接洽處理。 她精打細算的為基金會省下每一分錢，好將募來的捐款用在最需要的地方。幾年下來，她的足跡踏遍了大部分兒童基金會協助的一百二十八個國家，包括孟加拉、蘇丹、薩爾瓦多、越南等地。

明星時期的奧黛麗一向不喜歡記者會、簽名會，也不樂意接受電視採訪，但這時為了爭取更多的經費，她放下身段，與影迷親近。

她覺得演講不是募款最好的方法，便主動發起巡迴音樂會，在臺上為聽眾朗讀，進錄音室為

兒童錄製《奧黛麗‧赫本的魔法童話》。錄製有聲書時奧黛麗一心想的是可以幫助更多的孩子，但絕對沒有想到，她唯一的一

本有聲書，居然會在她過世後，獲得 1993 年的葛
萊美獎。

　　在忙碌的基金會活動之餘，那幾年奧黛麗唯
一接觸的拍片工作，就是應美國電視公司之邀，
在 1990 年拍攝了《世界花園》系列。

　　奧黛麗在瑞士的家中有座美麗的花園，一直
由她親手栽培灌溉，也是她可以放鬆自己的地
方。在這部電視紀錄片中她擔任主持人，用了八
段影片介紹了英國、美國、日本等七個國家的十
六座公立及私人花園。她不只將主持費捐給了聯
合國兒童基金會，之後這系列出版成書，屬於她
的所得也同樣交給基金會。和《奧黛麗．赫本的

魔法童話》一樣，她出於大愛而主持的《世界花園》，在她過世後，拿下了 1993 年電視艾美獎的傑出個人成就獎。

有些人終身追逐獎項，有些人得獎卻是無心插柳。由於身後這兩項大獎的殊榮，奧黛麗成了當代能夠囊括美國四大藝術獎項*的十名藝人之一。

從五十八歲決定投入聯合國兒童基金會，四年多來奧黛麗馬不停蹄，一次又一次的出入戰亂、落後的國家。雖然她有鋼鐵般的意志力支撐她走過一段段艱辛的旅程，但她從小就虛弱的身子，終於露出了疲態；她美麗的臉龐，再也藏不住歲月的痕跡。

不管朋友或陌生人，看她為第三世界兒童竭

---

*美國四大藝術獎項：奧黛麗榮獲四大獎的作品，依序是：電影奧斯卡金像獎（1954 年《羅馬假期》）、戲劇東尼獎（1954 年《美人魚》）、音樂葛萊美獎（1993 年《奧黛麗‧赫本的魔法童話》），以及電視艾美獎（1993 年《世界花園》）。

盡心力的付出，沒有不動容的。許多人勸她親善
大使的工作要緩慢下來，先為自己的身體著想，
但奧黛麗回答：「付出才是活著。如果一個人停止
了付出，那麼也就沒什麼值得好活了。」

　　這一年看到她的人，都驚訝於她的蒼老、瘦
弱，以及似乎隨時就要倒下去的身體。有一回，
她接受電視節目訪問，訪談結束後，工作人員對
她肅然起敬，自動排成一排，含淚與她握手道別。
彷彿大家都有心理準備，這一別，便是永別。

　　那年 3 月，她應邀出席奧斯卡頒獎典禮，代
替德瑞莎修女頒獎給當代印度大導演薩雅吉・
雷＊。已經命在旦夕的薩雅吉・雷沒能出席領獎，
僅能播放他在病床上事先錄好的答謝詞。

　　那是一段哀傷的畫面，大家心情沉重的看著

＊薩雅吉・雷 (Satyjajit Ray)：是印度聲望極高的導演。他於 1955 到 1960
年之間，發表了《大路之歌》、《大河之歌》及《大樹之歌》三部史詩般
的電影，奠定了他在全世界電影界的地位。他的電影充滿印度精神，被
視為是世界文化資產。

病危的薩雅吉‧雷與觀眾道別。但是讓所有演藝圈人士、觀眾不捨的，還有奧黛麗。當晚她雖身著大紅色印度式禮服，也以化妝品點綴在容顏上，但即使經過這樣的刻意打扮，奧黛麗還是掩藏不住滄桑、病容。大家心裡有種不好的預兆，似乎她也將跟著薩雅吉‧雷和大家說再見。

結果，那真的是奧黛麗最後一次出現在影迷面前。

那年夏天，奧黛麗開始經常性肚子痛。儘管醫生要她留在瑞士接受檢查，但為了索馬利亞的孩子，她堅持要走那一趟極端艱鉅的非洲旅程。那一回的足跡，奧黛麗留下了一張震撼全世界的照片：身著暗色衣服的她，手中抱著一個奄奄一息的索馬利亞孩子。影迷震驚的，不光是因為她手中那個骨瘦如柴、幾乎快沒有生命跡象的孩子；還有如風中殘燭，好像隨時都會被吹滅的奧黛麗‧赫本。

那個孩子在幾小時後就過世了。雖然之前已

經看過很多第三世界的貧窮與戰亂，但是這一趟索馬利亞之行，仍深深打擊了奧黛麗的心靈，旅途的奔波也在此時擊垮了身體脆弱不堪的她。10月底回到美國，在大兒子西恩的堅持下，奧黛麗終於進了好萊塢的醫院接受檢查。三天後她就接受了直腸癌切除手術，但此時癌細胞早已擴散。

　　在12月冷冷的冬天，自知不久人世的奧黛麗，拒絕留在南加州的醫院裡，堅持要回到瑞士那個有花園的家。

　　為了感激奧黛麗・赫本為聯合國兒童基金會的貢獻，當時的美國總統老布希頒發給她一枚「總統自由勳章」。由於奧黛麗身體不堪再度長途旅行，白宮還派美國駐瑞士大使親手將勳章送到她手上。

　　聖誕節這一天，兩個兒子都回到她身邊陪她過節。奧黛麗心情愉快，親自念了她這幾年最身體力行的一段話給大家聽：

如果你需要援助之手，那隻手就在你手臂
的末端；

隨著年紀漸長，你一定要記得你還有第二
隻手。

第一隻手幫助自己，第二隻手幫助別人。

1993 年 1 月，美國電影藝術
與科學學會公布將在 3 月的奧
斯卡頒獎典禮上頒發給奧黛麗
「珍赫修特人道主義獎」，以推
崇並感謝她代表影藝界為聯合
國兒童基金會所作的貢獻。只可惜她已病入膏
肓，身體撐不到 3 月，就在 1 月 20 日這一天，六
十三歲的她，在睡眠中與世長辭。

喪禮那天，這個原本只住了約一千兩百個居
民的瑞士小城，來了兩萬五千多個愛護她、懷念
她的人。在她生命中留下重要影響的六個男人，
護送她走最後一程。

她的大兒子西恩在典禮上，念了奧黛麗最喜歡的一首詩，也是奧黛麗晚年體會最深刻的一段話，她為這段話取名為「歷久彌新的美容祕方＊」，不長，下面是其中的幾句：

想擁有迷人的嘴唇，請說良善的話。

想擁有動人的眼睛，請欣賞別人的優點。

想擁有苗條的身材，請將食物與飢餓的人分享。

想擁有亮麗的頭髮，請讓孩子的手每天梳過它一次。

想擁有漂亮的儀態，請知道永遠有人願意與妳同行。

奧黛麗・赫本就這樣，漂亮的與全世界告辭了。影迷想念她，想念那位俏皮公主、想念那名

＊歷久彌新的美容祕方：出自於美國作家山姆・李文森 (Sam Levenson) 寫給孫女的信。

有想法的修女、想念那個勇敢的盲女。當然更想
念的，是那個一輩子努力上進、不斷在充實自己、
挑戰自己、帶給第三世界希望的奧黛麗・赫本。

　　奧黛麗・赫本離開這世上二十幾年了，全世
界不減對她的愛戴、尊崇，依然公認她是全世界
最美麗的女人。因為大家都真真切切的了解到，
世上的美女來來去去，但是──

　　上帝親吻過臉頰的，的確只有奧黛麗・赫本
一個人。

開始著手寫奧黛麗·赫本時，其實腦海中還跳出了許多名字，像《大江東去》的瑪麗蓮·夢露、《鄉下姑娘》的葛麗絲·凱莉，還有《埃及豔后》的伊莉莎白·泰勒。

這些女星都在好萊塢留下了無可取代的地位，1999 年美國電影學會評選出百年來最偉大的女演員時，她們幾乎都名列前茅。但之中有人早逝、有人成了王妃而離開鎂光燈，當然也有從玉女演到玉婆的長青樹。

但是，跳脫那些風華絕代的沙龍照，我看到的，卻是洗淨鉛華後，一直為第三世界兒童操勞奔走的奧黛麗·赫本。

論電影成就，奧黛麗·赫本當然不是其中拍片最多，更不是得獎最多的女演員。但是出道以來，她不曾想藉暴露、尺度來製造知名度，總是

　　腳踏實地作好一名演員。她努力的練舞，讓觀眾得以從影片中欣賞到她天賦的舞姿；也經由不斷的練習歌唱，好給影迷在歌舞片裡聽見她真正誠懇的聲音。雖然天生麗質，但她選擇演出修女、盲女這樣的角色，企圖讓大家忘記她外表的美，而去專注她內在的演技；儘管演藝事業如日中天，為了陪在兒子身邊，她毫不猶豫的一息影就是十年。

　　晚年她退出影壇後，選擇了最一步一腳印的方法，走遍第三世界，去讓大家注意到那些受苦的孩子。她不像一般大明星那樣只出現在募款會上，只以演講、拍賣會來籌款，她真心的關愛孩子，堅持要走到他們身邊，抱起這些被遺忘的孩子，讓他們有機會接受幾秒鐘的鎂光燈。

　　她不在乎這些艱鉅的行程在她漂亮的臉蛋留

下風霜，更不怕人家說奧黛麗·赫本老了。她說：
「老了沒關係，寂寞有關係。」她不要這些孩子
寂寞。

　　也因此，百年來演員來來去去，但她留下了
最獨特的篇章。從外表美如天使，到心靈美如天
使，她將舞臺由螢光幕拓展到戰亂、饑荒的第三
世界。她讓所有影迷都記得她，因為記得她，也
記起那些孩子。而今她逝世已經二十幾年了，但
聯合國兒童基金會以及那些災難下的孩子，至今
仍因她在受益。因為大家始終記得，
曾經有那麼一位天使，她來到世上六十
三年，不只在大銀幕為觀眾留下倩影
與餘音，更為悲苦的孩子做了最真
誠的貢獻，為人間立下了最美麗的
典範。

奧黛麗・赫本

1929 年　5 月 4 日出生於比利時的布魯塞爾。父親是英國人，母親是荷蘭人。終生國籍為英國。

1935 年　父親離家出走。奧黛麗・赫本在英國上小學，住寄宿學校。

1939 年　第二次世界大戰開打。和媽媽住在納粹統治下，戰亂的荷蘭。

1945 年　第二次世界大戰結束。接受了聯合國的戰後補給品及食物，埋下了四十年後為聯合國兒童基金會工作的種籽。

1948 年　拍攝第一部電影《荷蘭七課》。同年參加倫敦通俗歌舞片《高跟鞋》演出。

1951 年　在法國的蒙特卡羅被小說家科萊特發掘，演出百老匯劇《金粉世家》女主角琪琪。

1952 年　參與電影《雙姝豔》、《蒙特卡羅寶寶》演出。

1953 年　演出《羅馬假期》，大獲好評。

1954 年　3 月以《羅馬假期》獲得奧斯卡金像獎最佳女

主角獎，三天後，又以舞臺劇《美人魚》拿下東尼獎最佳女主角獎。9 月與梅爾・法拉結婚。

1957 年　電影作品《甜姐兒》上映。

1959 年　以《修女傳》獲得紐約影評人協會獎最佳女主角獎。

1960 年　與父親分別二十一年後首次碰面。7 月大兒子西恩・法拉出生。

1962 年　以《第凡內早餐》獲奧斯卡金像獎最佳女主角獎提名。

1965 年　以《窈窕淑女》獲金球獎最佳女主角獎提名。

1968 年　以《盲女驚魂記》獲奧斯卡金像獎最佳女主角獎提名。與梅爾・法拉離婚。

1969 年　與安德烈・多提再婚。

1970 年　小兒子盧卡・多提出生。

1979 年　與晚年心靈伴侶羅伯特・沃爾德斯相識。

1982 年　與安德烈・多提離婚。

1987 年　正式擔任聯合國兒童基金會的親善大使。

1992 年　診斷確定罹患直腸癌。美國總統老布希頒發「總統自由勛章」。

1993 年　病逝瑞士家中。3 月獲頒奧斯卡「珍赫修特人道主義獎」。

參 考 資 料

 書籍

· *Audrey Hepburn An Elegant Spirit*／Sean Hepburn Ferrer 著
· *Enchantment: The Life of Audrey Hepburn*／Donald Spoto 著
· *Audrey Hepburn: A Biography*／Warren G. Harris 著

國家圖書館出版品預行編目資料

奧黛麗‧赫本 / 趙映雪著;李蓉繪.－－初版一刷.－－
臺北市: 三民, 2014
　　面；　公分.－－(兒童文學叢書/近代領航人物)

ISBN 978－957－14－5923－3　(平裝)

1. 赫本(Hepburn, Audrey, 1929－1993) 2. 傳記
3. 通俗作品

781.08　　　　　　　　　　　　　　　　103011176

©　奧黛麗‧赫本

著 作 人	趙映雪
繪　者	李　蓉
主　編	張燕風
企劃編輯	莊婷婷
責任編輯	陳婕妤
美術設計	蕭伊寂
發 行 人	劉振強
著作財產權人	三民書局股份有限公司
發 行 所	三民書局股份有限公司
	地址　臺北市復興北路386號
	電話　(02)25006600
	郵撥帳號　0009998－5
門 市 部	(復北店)臺北市復興北路386號
	(重南店)臺北市重慶南路一段61號
出版日期	初版一刷　2014年7月
編　號	S 782430

行政院新聞局登記證局版臺業字第○二○○號

有著作權‧不准侵害

ISBN　978－957－14－5923－3　（平裝）

http://www.sanmin.com.tw　三民網路書店
※本書如有缺頁、破損或裝訂錯誤，請寄回本公司更換。